Crianças índigo

Título do original norte-americano:
The Indigo Children: The New Kids Have Arrived
Copyright © 1999 by Lee Carroll and Jan Tober
Crianças Índigo
Copyright da tradução © Butterfly Editora Ltda. 2005

Direção editorial:	Flávio Machado
Assistente editorial:	Dirce Yukie Yamamoto
Tradução:	Yma Vick
Chefe de arte:	Marcio da Silva Barreto
Capa:	Flávio Machado
Diagramação:	Ricardo Brito
Revisão:	Maria Aiko Nishijima
	Berenice Martins Baeder
Fotolito da capa:	Yanguer Stúdio Gráfico Ltda.

Dados Internacionais de Catalogação na Publicação (CIP)
(Câmara Brasileira do Livro, SP, Brasil)

Carroll, Lee.
    Crianças índigo / Lee Carroll, Jan Tober ; tradução Yma Vick. –
São Paulo : Butterfly Editora, 2005.

    Título original: The indigo children
    ISBN 978-85-88477-46-9

    1. Auto-ajuda – Técnicas. 2. Cor – Aspectos psicológicos.
3. Crianças excepcionais. 4. Crianças superdotadas. 5. Pais e filhos.
6. Personalidade em crianças. I. Tober, Jan. II.Título.

05-8303   CDD: 155.45

Índice para catálogo sistemático:
1. Crianças índigo: Psicologia infantil   155.45

Butterfly Editora Ltda.
Rua Atuaí, 383 – Sala 5
Vila Esperança/Penha
CEP 03646-000 – São Paulo – SP
Fone: (0xx11) 6684-9392
www.flyed.com.br | flyed@flyed.com.br

Impresso no Brasil, na primavera de 2007 pela:
SERMOGRAF – Artes Gráficas e Editora Ltda.

7-11-07-10.000-53.000

LEE CARROLL ✿ JAN TOBER

Crianças índigo

Tradução
YMA VICK

BUTTERFLY
E D I T O R A

São Paulo – 2005

NOTAS DO EDITOR

~ Para melhor entendimento do prezado leitor, alguns títulos de livros citados em inglês nesta obra foram traduzidos de forma livre para a língua portuguesa (entre parênteses), podendo não corresponder a eventuais publicações em nosso idioma.

~ Recomendamos, quanto ao conteúdo, que os interessados na utilização de produtos farmacológicos, terapêuticos ou de ervas apresentados neste livro recorram a acompanhamento médico ou terapêutico de confiança. As instruções e/ou indicações feitas pelos autores da obra ultrapassam a área de conhecimento e competência da editora, cuja responsabilidade está apenas em publicar obras de reconhecido valor e de autores idôneos. Sendo assim, não nos responsabilizamos, explícita ou implicitamente, pelas sugestões expostas bem como pelos resultados obtidos.

~ Caso encontre neste livro alguma parte que acredita que vai interessar ou mesmo ajudar outras pessoas e decida distribuí-la por meio da internet ou outro meio, nunca deixe de mencionar a fonte, pois assim estará preservando os direitos do autor e conseqüentemente contribuindo para uma ótima divulgação do livro.

※ ※ ※

Seus filhos não são seus.
São filhos e filhas da vida e da ânsia de viver.
Vêm ao mundo através de você,
mas não são uma extensão do seu ser.
Estão com você, mas não lhe pertencem.
Podem receber o seu amor, mas não os seus
pensamentos, pois têm os seus próprios.
Você pode acolher seus corpos, mas não suas almas,
Pois elas habitam o amanhã; algo que você
não conhece sequer em sonhos.
Pode tentar ser como eles, mas jamais
fazê-los serem iguais a você.
Você é o arco e as crianças são as flechas
disparadas em todas as direções.
Pois seja flexível e deixe que o arqueiro as
arremesse diretamente para a felicidade.

GIBRAN KHALIL GIBRAN,
O PROFETA

※ ※ ※

※　※　※

Para Jean Flores, das Nações Unidas,
que fez sua viagem para o outro lado enquanto escrevíamos este livro.
Agora ela é um anjo e ajuda as crianças do mundo todo.

※　※　※

※ ※ ※

Essas crianças são freqüentemente muito inteligentes e encantadoras, mas de convívio extremamente difícil. Conseguem ter idéias novas e brilhantes a cada dez segundos. Enquanto estamos apagando o incêndio que fizeram tentando derreter marshmallows*, elas já estão com os peixes do aquário na banheira para ver se conseguem sobreviver em água quente.*

NATASHA KERN, MÃE ESCOLHIDA POR NANCY GIBBS PARA ESCREVER UM ARTIGO PARA A REVISTA TIME(1).

※ ※ ※

SUMÁRIO

INTRODUÇÃO

À MEDIDA QUE VOCÊ FOR LENDO ESTE LIVRO, É POSSÍVEL que se pergunte: será que é mais um daqueles livros chatos sobre como a sociedade está afetando as crianças? Não. Este livro trata da alteração possivelmente mais emocionante, ainda que peculiar, de princípios básicos da natureza humana de que a sociedade já teve notícia. Convido-o(a) para que continue a leitura e veja por si mesmo.

Jan e eu somos escritores e palestrantes na área de auto-ajuda. Nos últimos seis anos, temos viajado pelo mundo todo ministrando palestras para grandes auditórios e pequenos grupos de todas as idades, idiomas e culturas. Meus filhos já estão crescidos e não moram mais comigo. Jan não tem filhos, mas sempre sentiu que acabaria de alguma forma envolvida com crianças (e estava certa). Mas nenhum de seus seis livros anteriores trata de crianças, pois este não é o foco de seu trabalho.

Por que então escreveríamos um livro sobre esse assunto?

Quando se trabalha prestando consultoria, passa-se muito tempo com pessoas e é impossível deixar de observar alguns padrões de comportamento que se tornam cada vez mais evidentes. Nosso trabalho, assim como o de Louise Hay, cuja editora publicou este livro, está voltado para o autodesenvolvimento e para o aumento da auto-estima. Desperta a esperança nas pessoas e isso lhes dá condições de perceber que são, na realidade, muito melhores do que imaginavam. Envolve também a cura espiritual (não religiosa) e o estímulo para buscarem "Deus" dentro de si e não em seu exterior. Trata-se da autocura e da libertação das preocupações excessivas do mundo de hoje. É um trabalho extremamente gratificante porque também nos faz perceber o que se passa ao nosso redor.

Há alguns anos, as pessoas começaram a falar de certos problemas que tinham com seus filhos. Sabemos que eles são nossa maior bênção, mas também o nosso maior desafio na vida. Muito já se escreveu a respeito de psicologia infantil e sobre como ser um bom pai ou uma boa mãe, mas estamos falando de algo um pouco diferente.

Começamos a ouvir falar cada vez mais sobre um novo tipo de criança, ou pelo menos sobre um novo tipo de desafio para os pais. O problema era diferente e exigia um nível diferenciado de interação entre adultos e crianças, em relação à nossa geração. Mas não demos atenção ao fato, até que alguns profissionais que trabalham com crianças começaram a comentar o assunto e a mencionar novas dificuldades que os pais estavam enfrentando, sem saber como agir. Funcionários de creches e escolas, alguns com mais de 30 anos de experiência, também mencionavam freqüentemente as mudanças na geração mais recente. Então percebemos que algo terrível estava acontecendo: quando esses problemas se tornavam mais sérios, a tendência era usar medicamentos extremamente fortes para dopar as crianças!

No início, pensamos se tratar de um sintoma cultural e de um sinal de que o país passava por modificações. Mas, se perguntarmos a qualquer docente em atividade hoje, sobre o sistema educacional, ele dirá que necessita ser revisto. Talvez seja mesmo o momento de se empreender tal revisão, mas isso não é uma grande novidade e também não foi o que nos levou a escrever este livro.

Trabalhamos sempre com os aspectos *individuais* do ser humano e não costumamos nos envolver em "causas" políticas ou ambientais. Isso não quer dizer que esses assuntos não nos interessem, mas, sim, que o foco de nosso trabalho como consultores e palestrantes é ajudar pessoalmente quem nos procura (mesmo quando falamos para grandes platéias).

Partimos do princípio de que todo ser humano equilibrado, positivo e que esteja bem consigo mesmo é capaz de realizar as modificações de que necessite, ou seja, toda grande mudança social tem de partir da mente e do coração de cada indivíduo.

Além disso, imaginávamos que se realmente estivessem ocorrendo grandes mudanças no comportamento das crianças e os profissionais e pesquisadores da área começassem a divulgar o fato, os aspectos positivos também seriam mencionados. Esperávamos ver artigos e publicações sobre "as qualidades das novas crianças" em jornais e revistas especializadas em educação. Mas isso não aconteceu, pelo menos não em escala suficiente para chamar a atenção ou, no mínimo, para informar e orientar os pais.

Então, percebemos que essas informações ainda não eram de conhecimento público. No entanto, como nosso foco de trabalho não envolvia crianças, levamos vários anos para nos decidir a documentá-las e divulgá-las, por mais estranhas que parecessem. Elas existem e todos devem ter acesso a elas!

Diversos fatores nos levaram a escrever este livro e por isso os apresentamos um a um para que os leitores possam tirar suas próprias conclusões e não simplesmente aceitar ou categorizar esse fenômeno como "algo que acontece no mundo todo, mas que permanece sem explicação". Nossas conclusões:

1. Não se trata de algo que ocorre exclusivamente nos Estados Unidos. Já pesquisamos e comprovamos sua ocorrência em três continentes.

2. Ultrapassa as barreiras culturais e lingüísticas.

3. Não chamou a atenção por ser demasiado "estranho" para se enquadrar nos limites do paradigma da psicologia humana, que nos considera estáticos e incapazes de mudanças. A sociedade acredita na evolução, mas somente em termos de passado. A possibilidade de que um novo tipo de consciência possa estar lentamente se estabelecendo no planeta *agora*, pelas crianças, está além dos padrões de pensamento tradicional.

4. Trata-se de um fenômeno crescente. Novos relatos surgem diariamente.

5. Ocorre já faz um certo tempo, pois diversos profissionais têm mencionado o assunto.

6. Já existem algumas respostas para os desafios impostos por essa nova realidade.

Por todos esses motivos, estamos transmitindo as informações de que dispomos sobre este assunto tão controverso. Até onde sabemos, trata-se do primeiro livro totalmente dedicado às crianças índigo. Sabemos que, ao lê-lo, muitas pessoas irão se identificar com seu conteúdo e esperamos que o assunto possa ser mais bem estudado por profissionais qualificados.

Objetivos

O livro foi escrito para pais e mães[1]. Trata-se de um relatório inicial e não da "palavra final" sobre as crianças índigo. O objetivo é ajudar as famílias fornecendo informações de aplicação prática no caso de identificação com o conteúdo. Pedimos aos leitores que avaliem

---

1. Os autores Carroll e Tober reuniram especialistas de diversas áreas para tratar do fenômeno das crianças índigo, de modo que o livro dirige-se não só aos pais mas também a todo aquele que convive e trabalha com crianças. (Nota do Editor)

com ponderação todas as idéias apresentadas. Não publicaríamos o material se não tivéssemos certeza de que, com ele, muitas pessoas podem se beneficiar e nosso trabalho de compilação foi estimulado por centenas de pais e professores com quem falamos no mundo todo.

Método

Gostaríamos de apresentar todas as histórias de pais de crianças índigo que conhecemos, pois testemunhamos centenas delas. Mas são apenas histórias e não servem como base para o estabelecimento de um padrão de comportamento que possa ser avaliado por pesquisadores ou indivíduos de pensamento puramente lógico. Por isso, decidimos utilizar nossa base internacional de contatos para obter relatórios, descrições e (por que não incluir também?) histórias de funcionários de escolas, educadores, médicos, estudiosos e autores. À medida que avançar na leitura, o leitor notará que tentamos ao máximo validar todas as observações, além de incluir estudos de caso que julgamos mais apropriados para a pesquisa científica. Como nossa própria pesquisa não seria suficiente para estabelecer conceitos mais precisos, recorremos aos relatórios e às descobertas de profissionais que contribuíram para o estudo deste tema.

Apresentação

Escolhemos o tipo de estrutura mais útil possível. Esta introdução vai ajudá-lo a esclarecer quaisquer dúvidas quanto às nossas intenções de publicar este livro e quanto ao fato de estarmos interessados em ajudá-lo e aos seus filhos.

No Capítulo 1, apresentamos as características das crianças índigo e alguns dos colaboradores que iremos mencionar nos capítulos seguintes.

O Capítulo 2 trata de como se deve agir em relação a essas crianças. Em muitos livros, isso seria apresentado apenas na conclusão, mas os capítulos seguintes abordam aspectos médicos e/ou esotéricos que devem ser considerados separadamente. Além disso, os dois primeiros capítulos contêm respostas e informações práticas muito importantes, mesmo que você decida não continuar a leitura. Nesse mesmo capítulo, também é abordada a questão educacional e as melhores alternativas nesse âmbito para as crianças índigo.

O Capítulo 3 trata do lado espiritual dessas crianças, mas não sob o aspecto religioso. Apresentamos uma descrição de características incomuns que não poderiam ser ignoradas. Elas parecem "saber exatamente quem são" e deixam isso muito claro para seus pais.

O Capítulo 4 é sobre o modo como o índigo é diagnosticado pelos médicos. Nem todos os índigos têm problemas psicológicos, mas quando isso ocorre são normalmente classificados como portadores de DDA ou TDAH (Distúrbio do *Deficit* de Atenção e Transtorno do *Deficit* de Atenção com Hiperatividade, respectivamente). Apesar de nem todas as crianças com DDA serem índigos, decidimos apresentar alguns métodos bastante eficazes para tratar esse tipo de distúrbio nos estudos de caso. São alternativas que podem ajudar a reduzir o uso de medicamentos sedativos em crianças.

Alguns pais podem sentir certo alívio ao imaginar que a Ritalina pode ser a solução no caso de crianças que utilizam sedativos. Ela faz com que a criança se comporte bem e permaneça mais calma e estável em casa e na escola. Parece mesmo ser uma excelente idéia! Esse medicamento coloca a criança em compasso de espera e em um padrão de comportamento e de sensações que podem até ser agradáveis para ela. Entretanto, mais tarde, quando não estiver mais sob seu efeito (quando parar de tomar o medicamento), o resultado pode surgir como uma verdadeira explosão: depois de crescidas, podem sentir que parte de sua infância se transformou em uma porção de lembranças confusas e que pouco têm que ver com a sua verdadeira identidade. A Ritalina normalmente adia a sabedoria que o crescimento traz: o aprendizado de como funciona a convivência social. Isso é fato documentado.

Já existem, porém, métodos alternativos para ajudar tais crianças. Basta abrirmos nossa mente para outras possibilidades. Os profissionais que apresentamos neste livro são especialistas nessa área e podem ajudar. O Capítulo 5 contém mensagens de índigos de várias idades descrevendo, retrospectivamente, a educação que receberam. E eles sabem mesmo que são diferentes! Seus depoimentos são bastante profundos. Finalmente, o Capítulo 6 contém declarações e mensagens de todos os que participaram no processo de compilação e criação deste livro.

Colaboradores

Incluímos as informações profissionais e as credenciais de todos os colaboradores. No final do livro, você poderá saber mais detalhes sobre cada um e sobre as instituições a que estão vinculados. Caso tenha perguntas ou deseje obter informações ou produtos de alguns deles sinta-se à vontade para escrever, enviar e-mails ou mesmo telefonar para os endereços e números fornecidos. Incluímos os *sites* das organizações que eles representam. Você, também, pode nos enviar cartas ou mensagens, embora não sejamos especialistas no assunto. Atuamos como meros repórteres reunindo um grupo de profissionais qualificados para identificar e tratar com mais profundidade a questão das crianças índigo. Teremos prazer em encaminhar suas dúvidas.

Referências

Sempre que houver informação suplementar disponível sobre o assunto, indicaremos com um número entre parênteses no próprio texto. Basta ir até o final do livro e você encontrará referências de bibliografia, produtos e instituições.

O QUE É UMA CRIANÇA ÍNDIGO?

MAS O QUE É UMA CRIANÇA ÍNDIGO, AFINAL? E POR QUE o nome?

Primeiro, vamos à definição: uma criança índigo é aquela que apresenta um conjunto de características psicológicas incomuns e um padrão de comportamento ainda não classificado pela ciência. Esse tipo de comportamento faz com que todos os que interagem com ela (principalmente seus pais) tenham de se adaptar a circunstâncias diferentes e a um tipo específico de criação. Ignorar essas características é obrigar essa nova vida a crescer em um ambiente instável e insatisfatório. O objetivo deste capítulo é identificar, qualificar e validar o perfil da criança índigo.

Parece haver diferentes tipos de índigos e os descreveremos adiante, seguindo os padrões de comportamento mais comuns. Eles se encaixam nos de alguém que você conhece?

As dez características mais comuns das crianças índigo:

1. Elas nascem, sentem-se (e agem) como nobres.

2. Acreditam "merecer estar neste mundo" e se surpreendem quando as outras pessoas não pensam da mesma maneira.

3. Não têm problemas de auto-estima. Costumam dizer com freqüência aos pais "quem são".

4. Têm dificuldades em lidar com autoridades absolutas (sem explicação ou possibilidade de questionamento).

5. Recusam-se a desempenhar determinadas tarefas. Esperar em uma fila, por exemplo, é algo difícil para elas.

6. Frustram-se com sistemas ou tarefas que seguem rotinas ou rituais repetitivos cm que não possam usar a criatividade.

7. Costumam identificar maneiras mais eficazes de fazer as coisas tanto em casa quanto na escola, o que as torna verdadeiras "destruidoras de sistemas" (não se adaptam a qualquer tipo de convenção).

8. Parecem não se relacionar bem com pessoa alguma que não seja igual a elas. Se não encontram ninguém com quem possam compartilhar suas idéias e opiniões fecham-se e sentem-se incompreendidas. A escola normalmente é uma experiência difícil para elas em termos sociais.

9. Não respondem a técnicas de disciplina associada à culpa ("espere só até seu pai chegar em casa e ver o que você fez").

10. Não têm vergonha ou problemas em expressar suas necessidades.

Vamos examinar cada um desses aspectos mais profundamente, mas antes iremos explicar por que essas crianças são chamadas índigo.

A psicologia sempre qualificou os seres humanos de acordo com seu comportamento. Todos parecemos nos enquadrar em determinados "grupos" estranhos e até mesmo engraçados. Essa classificação tem por objetivo identificar e relacionar nossas ações de diferentes maneiras, para que todos se encaixem em determinados padrões, tornando mais fácil o estudo da mente humana. Há sistemas de classificação muito antigos e outros mais recentes. Convidamos um psiquiatra para tratar do assunto com mais propriedade e conhecimento acadêmico. Além de médico, **Richard Seigle** é estudioso da área de medicina alternativa.

✳ ✳ ✳

Sistemas de classificação humana
RICHARD SEIGLE

Durante toda a história da civilização ocidental, sempre fomos propensos a explorar, definir e julgar. Quando descobrimos novos continentes e povos, nossas primeiras perguntas foram: "são iguais a nós?" e "o que podem nos oferecer?" Os que não eram iguais em termos de cor, crenças, cultura e idioma eram considerados inferiores.

Em termos científicos, sempre classificamos as pessoas de acordo com o formato de sua cabeça, cor de sua pele, QI etc. Antropólogos e psicólogos avaliam nossa maneira de pensar, de sentir e de agir. Alguns exemplos dessa classificação:

> ☙ **Testes de inteligência:** Wechsler (WAIS) e Stanford-Binet são os mais utilizados.

> ☙ **Testes de personalidade:** MMPI, MCMI, Tipo A e Tipo B.

> ☙ **Avaliações projetivas de personalidade:** Rorschach, TAT e SCT.

> **Testes de memória:** WMS e Bender.

> **Fatores psicológicos específicos:** os mais utilizados como base para categorizar grupos humanos são: estrutura e hábitos familiares; cultura; sonhos; autopsicologia, vínculos e formas de associação; mitos; religião; motivação e pensamentos conscientes e inconscientes.

> **Teorias de psiquiatras mundialmente reconhecidos,** como Freud, Jung, Adler, Berne, Fromm, Kernberg, Klein, Maslow, Peris, Reich, Rogers, Skinner e Sullivan.

Gandhi dizia: "a habilidade de união em meio à diversidade ainda será a característica mais bela e o teste final de nossa civilização". O final do milênio mostrou que o ser humano já atingiu certo grau de consciência no sentido de amar e de aceitar todos os tipos de pessoas, algo que já poderíamos ter aprendido há séculos com as culturas nativas se não as tivéssemos simplesmente qualificado como inferiores.

❋   ❋   ❋

Além das formas tradicionais de classificação, temos os sistemas de avaliação espirituais e metafísicos que classificam tipos humanos de acordo com suas características (astrologia), energia ou associação com animais sagrados (tradições chinesa e índia norte-americana). Acreditemos ou não nesses tipos não-científicos de classificação, eles são reconhecidos e institucionalmente identificados como algumas das ciências mais antigas e registrados nos primeiros documentos sobre estudos da raça humana. Mas todos os sistemas, antigos ou atuais, existem para ajudar os seres humanos a compreenderem melhor uns aos outros.

Nancy Ann Tappe escreveu em 1982 um livro intitulado *Understanding Your Life Through Color* (*Entendendo sua vida através da cor*) (2).

Trata-se do primeiro tipo de publicação que menciona o padrão de comportamento dessas novas crianças. Nancy classifica determinados padrões de comportamento humano e nomeia os diversos grupos utilizando cores. Seu estudo intuitivo gerou um sistema preciso e revelador. Com base na metafísica, é um material interessante e divertido. Todos os que o lêem acabam se identificando com alguns dos grupos, rindo muito e se impressionando com a exatidão das descrições. Nancy ministra palestras e *workshops* sobre comportamento humano em diversos países.

Para os que consideram estranha a classificação humana de acordo com o sistema de cores e também para os que se interessam por metafísica recomendamos um livro chamado *O código das cores* (3) de Hartman Taylor. O livro não fala de crianças índigo, mas o mencionamos para quem desejar se aprofundar no assunto. O livro de Hartman aborda o modelo hipocrático ou medieval, que classifica os tipos de personalidade em: sanguíneo, melancólico, fleumático e colérico, associando-os a cores – vermelho, azul, branco e amarelo, respectivamente.

Quanto à classificação de Nancy Tappe (embora envolva fatores intuitivos), é extremamente precisa e baseada em observação prática. Uma das cores que ela utiliza, você já deve imaginar, é o índigo: ela revela, com precisão, o novo tipo de criança. E o material foi escrito há 17 anos! (ao menos alguém prestava atenção no assunto). Seus conhecimentos da natureza humana e intuição são dignos de mérito. Caso você se interesse por profecias, o Capítulo 3 menciona uma pessoa conhecida no mundo todo e que aparece freqüentemente em programas de televisão. Ela previu o surgimento das crianças relacionadas à cor "azul-escura".

Jan encontrou Nancy após algumas pesquisas e decidiu incluí-la neste livro. Entrevistou-a sobre como ela qualificaria "a vida índigo". Acreditamos que a melhor maneira de iniciar a discussão sobre o fenômeno seja por meio de suas conclusões, já que Nancy foi a primeira a identificá-lo. Apresentaremos diversas partes de sua entrevista ao longo dos capítulos, de acordo com cada assunto tratado.

✵ ✵ ✵

Introdução aos índigos

NANCY ANN TAPPE,
ENTREVISTADA POR JAN TOBER (PARTE I)

Nancy, você foi a primeira a identificar e a escrever a respeito do fenômeno índigo em seu livro Understanding Your Life Through Color *(Entendendo sua vida através da cor) (2). O que é a criança índigo e por que recebeu essa designação?*

Eu as chamo de índigo porque essa é a cor que "vejo" ao redor deles.

Como assim?

Cada pessoa emite uma cor que identifica sua missão na vida. Consigo ver essa cor e, por meio dela, saber qual é sua principal missão no planeta, ou seja, o que veio aprender ou fazer aqui. Nos anos 80 imaginei que mais duas cores viriam, pois fúcsia e magenta[1] estavam desaparecendo. Fiquei muito surpresa quando encontrei uma pessoa que emitia a cor fúcsia em Palm Springs, pois tinha ouvido dizer que tal cor havia desaparecido no começo dos anos 90.

Sabia que novas cores surgiriam, mas não sabia quais, até que "encontrei" um índigo. Estava na Universidade de San Diego fazendo pesquisa sobre perfis e um psiquiatra chamado McGreggor estava comigo.

Outro médico estava conosco também, mas não me lembro de seu nome. Trabalhava no Hospital Infantil e o que me chamou a atenção foi o fato de sua esposa ter tido um filho, embora não pudesse engravidar. A criança tinha nascido com um problema cardíaco, e o médico me chamou e pediu para dizer o que eu "via" nela. Foi quando percebi que

---

1. O magenta apresenta um tom muito vivo de vermelho e o fúcsia um tom cor-de-rosa forte, vivo e levemente purpúreo. (N.E.)

uma das novas cores do sistema seria o índigo. A criança morreu seis semanas depois, mas foi meu primeiro contato com essa nova cor e a partir daí comecei a pesquisá-la.

Deixei de lecionar em San Diego em 1975 e não tratei mais do assunto até 1980, quando comecei a escrever meu livro. Foi um trabalho de dois anos. A primeira edição foi publicada em 1982 e a edição atual, em 1996. Mas posso afirmar que essa cor já existia nos anos 70.

Comecei, então, o processo de classificação e de personalogia, porque, nessa altura, tínhamos algumas crianças com cinco, seis e sete anos que podíamos observar, "ler" suas personalidades e descrevê-las. A única coisa que sabia era que não tinham a "programação de vida" que normalmente temos. E até hoje não têm. Os índigos passam por uma grande mudança por volta dos 26 ou 27 anos, quando passam a ter noção de sua missão na Terra. Começam a ter uma visão cada vez mais clara do que vieram fazer aqui, de seu objetivo, e seguem seu ideal até se tornarem mais velhos e poderem concluí-lo.

É como se o futuro dependesse de nós.

Ainda estamos pesquisando o assunto e por isso não escrevi um livro especificamente sobre índigos. Mas fico feliz ao ver que vocês estão escrevendo.

Parece haver muito interesse e necessidade por parte das pessoas em saber sobre os índigos.

Concordo. As pessoas ainda não os entendem. São crianças com habilidades que vão além do mental e do emocional. Agem como computadores e têm grande capacidade de visualização. Sabem que podem obter tudo o que conseguem classificar e dominam a tecnologia com uma facilidade impressionante. Aos três ou quatro anos essas crianças conhecem melhor os computadores do que alguns adultos de 65.

Conseguem visualizar com facilidade o que irá ocorrer em termos tecnológicos daqui a dez anos; coisa que ainda nem sonhamos fazer. Acredito que essas crianças vieram para romper fronteiras e que chegaremos ao ponto em que todo o trabalho humano será executado mentalmente.

Concordo com você.

Elas têm um objetivo de vida específico, mas creio que em muitos casos o treinamento e as restrições a que são submetidas acabam levando-as até mesmo a matar. E acredito em paradoxos. Temos de ter as trevas e a luz para poder escolher, pois sem elas não existe crescimento. Se fôssemos meros robôs seguindo ordens, não haveria livre-arbítrio, alternativas ou qualquer motivo que justificasse a vida. Sei que pareço estar divagando, mas vou explicar.

Costumo dizer aos meus alunos que se quisermos descobrir como as coisas se iniciaram, podemos tomar como base o que está na própria *Bíblia*, que diz: "No princípio, Deus criou o céu e a terra... sem forma e vazia; havia trevas sobre a face do abismo... E... disse: Haja luz". Deus criou o bem e a luz, mas não as trevas. Elas sempre existiram. Seu processo de criação baseou-se na separação: dia e noite, luz e trevas, céu e terra, ar e firmamento, oceanos e continentes. Separou o homem da mulher, criando macho e fêmea. A criação nada mais foi que a separação dos elementos para que houvesse escolha, pois sem ela não existiria evolução.

Por isso vivemos situações tão extremas, especialmente nesta dimensão. Convivemos ao mesmo tempo com o mais sagrado e o mais cruel, tentando nos manter no meio-termo e aspirando a ser bons, mas ainda cometemos muitos erros. Entretanto, começo a ver os extremos se integrando. Vejo o sagrado e o cruel se tornando comuns e estabelecendo um equilíbrio. Todas as crianças que mataram colegas de escola ou os próprios pais, com as quais pude ter contato, eram índigos. E apenas um era do tipo humanista. O resto era conceitual.

Isso é interessante. Todas essas crianças que matam são índigos? Isso quer dizer que eles tinham uma visão clara de sua missão, mas algo entrou em seu caminho e elas quiseram se livrar do que imaginavam ser o obstáculo?

Trata-se de um novo conceito de sobrevivência. Todos nós possuíamos esse tipo de pensamento macabro quando crianças, mas tínhamos medo de colocá-lo em prática. Já os índigos não têm esse tipo de medo.

Eles não têm medo porque sabem quem são.

Eles acreditam plenamente em si mesmos.

Passemos a outra questão. Quando foram identificadas as primeiras crianças índigo e qual a porcentagem atual de nascimento desse tipo de criança?

Pelo que pude observar, 90% das crianças com menos de dez anos no mundo de hoje pertence à categoria índigo. Não posso precisar quando começaram a nascer, apenas quando percebi o fato. Meu livro foi publicado em 1986, mas meu primeiro contato com um índigo foi em 1982. Já sabia da existência deles, mas ainda não tinha conseguido estabelecer um padrão. Somente em 1985 pude fazer essa classificação.

Você diz que há tipos diferentes de índigos. Quais são eles e quais suas características?

Há quatro tipos e cada um tem um tipo de missão:

1. HUMANISTAS: são do tipo que trabalha com as massas. Serão os médicos, advogados, professores, vendedores, executivos e políticos de amanhã. Hiperativos e extremamente sociáveis, conversam com todos, são sempre muito simpáticos e têm opinião própria. Podem agir de maneira estranha, pois sendo hiperativos acabam às vezes batendo contra uma parede, por exemplo, por se esquecer de parar. Não conseguem brincar com um brinquedo apenas. Têm de tirar todos do

armário, nem que seja só para ficar olhando para eles. São do tipo que precisa ser constantemente lembrado de seus deveres, como organizar seu quarto, pois são capazes de iniciar a limpeza, mas, ao verem um livro, sentam-se para ler, ficam completamente distraídos e se esquecem do que estavam fazendo. Aliás, os humanistas são leitores vorazes. Ontem eu estava em um avião e um índigo de três anos estava fazendo barulho ao meu lado até que sua mãe lhe deu o folheto de regras de segurança de vôo para ler. Ele parou, sentou-se, abriu o folheto e começou a olhar as figuras com ar muito sério como se estivesse lendo o texto com muita atenção. Ficou ali, quieto durante uns cinco minutos. Obviamente não conseguia ler, mas parecia mesmo estar. É o típico índigo humanista.

2. CONCEITUAIS: interessam-se mais por projetos do que por pessoas. Serão os engenheiros, arquitetos, *designers*, astronautas, pilotos e oficiais militares do futuro. São normalmente crianças de porte grande e atlético. Tendem a controlar situações e pessoas, especialmente suas mães, se forem meninos e seus pais, se forem meninas. E quando conseguem, podem ter grandes problemas. Esse tipo de índigo tem propensão ao vício, especialmente em drogas durante a adolescência. Os pais precisam monitorar de perto o comportamento desse tipo de criança, especialmente quando parecem estar tentando esconder alguma coisa. Quando dizem "não quero que entrem em meu quarto" é porque há algo de errado.

3. ARTÍSTICOS: costumam ser mais sensíveis e mais acanhados em estatura do que os outros tipos. São muito criativos e serão provavelmente professores ou artistas. Tudo o

que fazem envolve criatividade. Se estudam medicina, por exemplo, podem acabar sendo cirurgiões ou pesquisadores. Quando decidem estudar teatro, tornam-se excelentes atores.

Entre os quatro e dez anos de idade, costumam se interessar pelos mais diferentes tipos de arte, mas apenas por cinco ou dez minutos, deixando-os de lado para procurar outros. Costumo aconselhar as mães desse tipo de índigo que gosta de música a nunca comprar instrumentos para eles, mas sim alugar. Eles podem tocar cinco ou seis tipos diferentes, mas somente na adolescência irão se decidir e se especializar em um deles.

4. INTERDIMENSIONAIS: são fisicamente mais desenvolvidos que os outros índigos e já aos dois anos respondem a tudo dizendo: "Eu sei e posso fazer sozinho. Deixe-me em paz". Trarão novas filosofias e religiões ao mundo. Podem ser briguentos por causa de seu tamanho e por não se encaixarem na sociedade como os outros tipos.

Todas as cores físicas que existem atualmente na humanidade deverão desaparecer nos próximos 20 anos, com exceção do vermelho. Sobram apenas as mentais, como o castanho, o amarelo e o verde e também as cores espirituais, que são o azul e o violeta. Os índigos humanistas estão substituindo o amarelo e o violeta; os conceituais, o castanho, o verde e o violeta; os artísticos, o azul e o violeta e os interdimensionais, apenas o violeta, que está presente em todos os níveis.

E todos serão intuitivos?
Posso ilustrar a resposta com uma história que ocorreu hoje pela manhã. Uma amiga minha tem um neto de quatro anos, que se chama Zachary. Viajou para Santa Bárbara para fazer uma visita e enquanto

estava na cidade levou a nora e o neto para jantar fora. A mãe está sempre se gabando das notas do filho na escola, de seu desempenho nas aulas de natação e dos comentários dos professores sobre como ele aprende rápido e do fato de não parecer sentir medo de coisa alguma.

Os três foram a um bom restaurante, e o garoto estava ansioso para pedir *mousse* de chocolate após o jantar. Trouxeram então a sobremesa com toda a pompa e colocaram a taça no centro da mesa. Os olhos do menino brilharam. Ele riu, pegou a taça e começou a comer. Enquanto isso, sua mãe perguntou: "Zachary, você sabe o que significa ser destemido?". Ele parou de comer, arqueou as sobrancelhas e respondeu: "Sei sim".

"O que é, então?", ela perguntou.

"Eu acredito em mim mesmo", foi a resposta.

O garoto tem apenas quatro anos, mas sua resposta não deixa dúvidas. Essas crianças acreditam em si mesmas. Se alguém tenta convencê-las de que estão fazendo algo errado por acreditarem em seus próprios princípios, logo percebem que a pessoa não sabe o que está dizendo. Por isso, minha sugestão para os pais é que estabeleçam limites sem dizer-lhes diretamente "Não façam isso!". Em vez disso, digam: "Por que você não me explica por que quer fazer isso?"; "Vamos conversar sobre o assunto?"; "O que você acha que vai acontecer se fizer isso?" E quando a criança responder o que acha que pode acontecer, pergunte: "E como você vai lidar com a situação?". E ela dirá como pensa que pode lidar com isso.

Mas isso só funciona com os índigos enquanto são pequenos. Os mais velhos não aceitam esse tipo de diálogo, a não ser os do tipo humanista.

Mas o que você qualifica como pequeno? A que idade se refere?

Devemos conversar abertamente com eles a partir do momento em que começam a balbuciar as primeiras palavras e ouvir o que têm a dizer.

Mas e enquanto são bebês?

Pode-se fazer da mesma maneira. Basta conversar com eles e prestarão atenção em você. Diga: "Vou trocar sua fralda para você não ficar irritado. Assim você não vai chorar, vai ficar contente e eu também. Vamos lá?"

Você mencionou um aspecto interessante: tratar essas crianças como se fossem adultos a partir do instante em que começam a falar.

Esse tipo de criança não aceita ser tratada como menos inteligente ou incapaz. E não respeita as pessoas simplesmente porque são mais velhas. É preciso conquistar o respeito de um índigo.

Gostaria de acrescentar alguma informação sobre esse aspecto?

O principal é: ouça-os. Em vez de tentar impor sua autoridade, siga sua intuição. Deixe a criança pedir aquilo de que necessita. Explique o motivo de conceder ou não o que ela quer. Na verdade, tudo o que temos a fazer é conversar com elas, pois as crianças índigo são muito sinceras.

Ou seja, temos de estar presentes e ouvi-las.

Sempre. E se percebem que alguém cometeu algum tipo de abuso em relação a elas, contam tudo aos professores na escola ou telefonam direto para a polícia. Você já deve ter ouvido falar de casos de crianças que salvaram os pais chamando os bombeiros ou a polícia nos últimos anos. São as mesmas que, quando sofrem qualquer tipo de agressão, vão direto às autoridades.

Costumo brincar dizendo que existe uma "ponte de arco-íris" entre nós e elas.

É verdade. Refiro-me sempre a eles como a ponte da terceira para a quarta dimensão. A terceira dimensão é a da razão, do *pensamento*, já a quarta é a do *ser* completo. Falamos muitas vezes de conceitos como amor, paz, felicidade... porém raramente os colocamos em prática. Na quarta dimensão, teremos oportunidade de ver isso acontecer. Mas já estamos melhorando e começando a ver que as guerras são algo totalmente sem sentido e que ao matarmos as outras pessoas estamos matando a nós mesmos. Essas crianças já sabem de tudo isso.

Em minha primeira palestra sobre crianças índigo, os pais levaram seus filhos. Babás foram contratadas e ficaram com elas durante o evento. Na parte da tarde, elas foram trazidas para o auditório para interagir com os pais e fazer perguntas. Havia uma máquina de escrever eletrônica daquelas antigas em um armário e a colocamos no chão e espalhamos vários objetos ao redor. Não tínhamos um computador disponível, mas, como eu disse, essas crianças são voltadas para a tecnologia e todas elas acabaram brincando e datilografando na máquina. Foi uma experiência bem interessante.

Enquanto uma delas brincava com a máquina, outra se sentava ao lado e observava. Depois de algum tempo, a que estava brincando se levantava e a que estava esperando tomava o seu lugar. Então uma outra vinha do meio delas e se sentava ao lado, observando. Todas vieram observar e depois brincar como se estivessem em fila, esperando a sua vez. Mas não havia qualquer tipo de fila.

É verdade. Essas crianças não gostam de filas.

Sim, e os pais perceberam isso. E outro detalhe interessante é que, das 15 crianças que estavam no auditório, apenas uma foi se sentar no colo dos pais. O restante delas não prestou a menor atenção neles.

Em que ano foi isso?

Em 1984. Essas crianças só desejam ser respeitadas e tratadas como seres humanos, sem diferenciação de idade.

Há uma história bastante engraçada sobre meu neto. Minha filha não o deixava brincar com armas de brinquedo ou com qualquer tipo de jogo que envolvesse guerra. E também não lhe dava brinquedos eletrônicos. Mas um dia, quando ele ainda tinha três anos, eu estava no banheiro enrolando meus cabelos e tinha dois secadores sobre a pia. Ele pegou o que estava desligado, apontou em minha direção e disse: "Bang-bang". Eu apontei o meu para ele e respondi: "Bang, bang, bang!" Começamos então a correr pela casa e a brincar. Minha filha disse: "Mãe, não brinque com ele assim!" Eu respondi: "Foi ele quem começou!", e continuei correndo.

Quando estava com oito anos ele me disse: "Vovó, sabe o que eu quero no Natal? Um videogame". Minha filha me olhou com ar muito sério e disse: "Nem pense nisso". Eu ri e fiquei pensando "quer saber? Ele é meu neto e me pediu um presente. Ela vai ter de entender". Antes de ir embora da cidade onde moram, comprei o jogo de videogame e deixei para ele.

Ela me telefonou dois meses depois e disse: "Mãe, quero lhe agradecer por ter dado o videogame a Colin". Eu respondi: "Não precisa ficar brava". Ela explicou: "Não estou brava, muito pelo contrário. Percebi que tinha apenas de controlar a situação. Comecei então a 'vender' horas de jogo a ele. Todas as vezes que faz a lição de casa ele ganha um número de horas para jogar. E como eu estava recebendo bilhetes dos professores informando que ele não participava das atividades em sala de aula, negociei um número ainda maior de horas se começasse a cooperar com os professores e a tirar notas mais altas. Cada nota baixa significa horas a menos com o jogo".

Seu comportamento se modificou. Ele passou a chegar em casa, fazer as lições e ainda perguntava a ela se queria que fizesse mais alguma coisa. E para cada tarefa realizada perguntava quantos minutos de videogame ganharia. Seu conceito em matemática subiu de D para A. A professora perguntou a ela: "O que aconteceu com Colin? Ele parece outra criança. É meu melhor aluno agora. Vem até me perguntar se preciso de ajuda!" E quando chegava em casa, contava à mãe e perguntava quanto tempo de jogo ganharia. Tornou-se um aluno exemplar.

Muitas pessoas dizem que a Internet é ruim e que tem conteúdo perigoso para as crianças. Mas se os pais falam abertamente com as crianças e explicam o que não devem fazer e por que, elas aprendem a evitar as armadilhas. São crianças muito inteligentes. Mas também fazem escolhas erradas quando estão carentes, assim como nós. Por isso, se lhes damos carinho e acompanhamento, elas não têm como errar.

São crianças muito especiais.

✳ ✳ ✳

Mas será que isso é mesmo verdade?

Talvez você não acredite em pessoas que "vêem" cores. Apresentamos então alguns relatórios e resultados de pesquisas de alguns professores doutores universitários e professores de ensino fundamental sobre as crianças índigo.

A classificação estabelecida por Nancy Ann Tappe quanto aos tipos de índigo é semelhante a dos profissionais da área? A doutora Barbra Dillenger afirma que sim.

Barbra Dillenger, Ph.D.[2] é conselheira. Especialista em relações humanas, seu trabalho consiste em ajudar as pessoas a perceber melhor o sentido e as lições que a vida tem a oferecer. Concorda que a humanidade esteja passando por mudanças e sabe que a "classificação por tipos" nos ajuda a entender melhor a nós mesmos. Barbra concordou em dividir conosco seus estudos e conclusões sobre as crianças índigo. Agradecemos a ela por sua participação.

✳ ✳ ✳

---

2. Ph. D. é abreviatura de *Doctor of Philosophy* (grau de doutorado universitário). (N.E.)

Sobre a criança índigo

BARBRA DILLENGER

Assim como Nancy Tappe descobriu em suas investigações, há quatro categorias de índigos: humanista, conceitual, artística e a interdimensional, a mais rara. Todas apresentam padrões de comportamento em comum e alguns traços bastante distintos. Apresento a seguir três casos de crianças índigo: uma artística, uma humanista e uma conceitual.

O ARTISTA: A HISTÓRIA DE UMA MISSÃO

Travis é um índigo artístico e tem o dom da música. Apresentou seu primeiro concerto público de bandolim aos quatro anos de idade, formou uma banda índigo aos cinco e venceu diversos concursos de música aos nove, gravando em seguida seu primeiro CD. Aos 14 anos já tinha um álbum solo com seus principais sucessos. Compunha, fazia os arranjos e tocava suas próprias músicas. Os críticos do *Chicago Tribune* o consideram o Mozart do bandolim. A história seguinte ocorreu em um de seus concertos.

Meu marido e eu fomos a uma de suas apresentações para mais de 3.000 pessoas. Enquanto estava na toalete, ouvi duas mulheres conversando. Uma delas disse: "Meu marido insistiu para que eu viesse, pois acha que vou me sentir um pouco melhor". Percebi pelo restante da conversa que seu filho havia falecido duas semanas após o parto. Vi que ainda usava roupas de grávida. Fiquei com muita pena dela.

Enquanto isso, Travis já estava no palco. Durante o *show*, tocou uma música que compôs aos nove anos chamada "Press On", sobre a morte de seu avô. É uma de minhas preferidas. Fala das diversas experiências da vida e que devemos sempre seguir em frente (*press on*) com a ajuda de Deus. Depois de muitos aplausos, ao final do show, a mulher que estava na toalete subiu ao palco para falar com Travis. Disse, emocionada:

"Essa última música que você cantou ajudou a me curar. Muito obrigada. Foi muito bom". Travis agradeceu, aproximou-se do guitarrista e gritou: "É isso aí, gente!". Meu coração se encheu de alegria. Travis continua compondo e cantando hoje aos 17 anos. É uma estrela seguindo literalmente sua missão.

O HUMANISTA E A DISCIPLINA DOMÉSTICA

Todd é um índigo humanista. Uma vez, ao visitar sua avó, algo desagradável aconteceu. Ela tinha sobre a cama um belo boneco musical com cara de palhaço feita de porcelana. Tinha sido um presente de seu marido. Mas a fisionomia do palhaço incomodava Todd e o lembrava de algo de seu "passado". Ele acabou pegando o boneco e o jogou no chão com força, quebrando a porcelana em mil pedaços. Sua avó ficou chocada. Pegou o menino, sentou-o na cama e perguntou: "Qual é o seu brinquedo predileto?"

"Meu carrinho de polícia", ele respondeu.

"Posso ir até sua casa e quebrar o seu carrinho?"

"Não", disse ele espantado.

"Pois esta é a minha casa e aqui ninguém quebra as coisas de propósito. Se fosse eu quem estivesse na sua casa e quebrasse alguma coisa sua o que você me diria?"

Todd ficou olhando para ela e respondeu: "Que merece ficar sozinha". Foi então para outro quarto e fechou a porta, embora estivesse havendo uma festa na casa. Alguns minutos depois, sua avó foi até lá e conversou com ele sobre raiva, medo e expressão positiva de sentimentos (adaptando tudo isso a uma linguagem que um garoto de quatro anos pudesse compreender, é claro). Isso é um exemplo clássico de um índigo humanista (que adora as pessoas e a liberdade) impondo a si mesmo o isolamento apesar de tão pouca idade. Na opinião de Todd isso era um castigo merecido por seu comportamento inadequado.

A avó tem agora uma linda boneca com rosto de anjo, um presente de uma amiga, mas esta é inteira de pano.

O CONCEITUAL: UMA HISTÓRIA SOBRE A ESCOLA E A NECESSIDADE DE MUDANÇAS

A mãe de Tim, um garoto de 12 anos, veio me procurar, pois estava muito frustrada e não sabia mais o que fazer. Ele se recusava a ir à escola e não via a menor utilidade no que aprendia, especialmente nas aulas de inglês. (Creio que sua mãe acreditava que eu podia convencê-lo a freqüentar a escola!) Tim é um índigo do tipo conceitual e adora computadores. Perguntei a ele: "Por que você não gosta de inglês?"

A resposta foi: "A professora é muito burra. Quer que eu fique lendo *Huck Finn*". Disse então que ele podia ser até mais inteligente que alguns professores, mas que ainda assim poderia aprender muito com eles. E que inglês é algo obrigatório nas escolas, mas que há outras maneiras de estudar. Pedi que ele sugerisse uma maneira de resolver a situação. Tim, com a resposta na ponta da língua, disse que estava se reunindo com outros colegas que também não gostavam de inglês depois das aulas para estudar. Nenhum deles queria ler *As aventuras de Huckleberry Finn*, mas estavam procurando um professor que pudesse ajudá-los pela Internet. Achei a idéia excelente e a mãe dele ficou muito surpresa quando eu disse que deveria apoiar a iniciativa.

Tim sentiu-se compreendido e isso era exatamente o que ele precisava. A mãe dele me disse depois que isso não resolveu totalmente suas dificuldades em sala de aula, mas que ajudou muito. Ele voltou a freqüentar as aulas. Essa idéia tão simples e ao mesmo tempo brilhante mostra que algumas mudanças estão ocorrendo na estrutura muitas vezes tão rígida e autoritária que temos nas escolas. A forma flexível e abrangente de as crianças índigo pensarem não se adapta a essa forma de ensino. Até mesmo a mãe de Tim passou a concordar que a estrutura de ensino precisa de uma reforma geral.

✳ ✳ ✳

Eles são mesmo mais inteligentes do que éramos na idade deles?

Em relação às crianças índigo, há ainda um outro fator: todos os pais concordam que elas são mais inteligentes que o normal. A documentação a respeito confirma isso. Portanto, não é apenas uma impressão. As normas de medição de níveis de inteligência é que precisam ser modificadas para se adaptar aos novos padrões.

Se você acha que seus filhos mais novos são mais inteligentes se comparados aos irmãos mais velhos ou mesmo a você quando tinha a idade deles, saiba que essa inteligência tem sido classificada como um problema e não como uma qualidade. Será que eles conseguem causar tanto transtorno assim, ou são as escolas que não estão preparadas para crianças mais inteligentes? (Aposto que você também já pensou nisso.) Mas será que apenas as crianças índigo são mais inteligentes do que nós ou isso é uma característica de todas as que nascem nos dias de hoje?

Trata-se de uma questão alarmante. Você já deve ter ouvido falar que as escolas não preparam mais as crianças como antes ou até de alguns testes que comprovam isso. Mas talvez não seja bem assim, e o texto seguinte pode fazê-lo ver que algo está acontecendo no mundo inteiro.

Há grandes evidências de que as crianças de hoje são mentalmente mais desenvolvidas e que as escolas não têm a estrutura necessária ou mesmo condições de avaliar esse fenômeno. Transcrevemos a seguir o texto da quarta capa do livro *The Rising Curve: Long-Term Gains in IQ & Related Measures* (*A curva ascendente: o desenvolvimento a longo prazo do QI e da capacidade mental*) (4).

Comenta-se atualmente que as habilidades educacionais das crianças têm diminuído muito nos últimos tempos e que as escolas já não as preparam para as tarefas mais difíceis da vida adulta como antes. Mas os profissionais da área de psicometria fizeram uma descoberta que contradiz essa idéia: os testes de QI mostram um aumento impressionante nos níveis de inteligência humana nos últimos 50 anos. Essa tendência segue a linha de pensamento estabelecida por James Flynn, que a chamou de "efeito Flynn" ao documentá-la. Este livro trata das seguintes questões: É possível comparar resultados de QI de uma geração para outra? Quais aspectos ambientais afetam o QI? Que tipo de inteligência é avaliado pelos testes psicométricos? Especialistas da área de nutrição, de pesquisa psicométrica, de sociologia e de psicologia cognitiva, social e de desenvolvimento discutem a fonte do efeito Flynn e também da controversa hipótese disgênica abordada por Charles Murray em seu livro The Bell Curve *(A curva do sino), literatura obrigatória para todos os que desejam conhecer as últimas tendências em termos de educação, de inteligência e dos métodos existentes para medi-la.*

Para discutir a medição do QI das crianças índigo apresentamos uma das colaboradoras deste livro, a doutora **Doreen Virtue**(5), autora do *best-seller* The Lightworker's Way *(Os trabalhadores da luz)* e Divine Guidance *(A luz divina)*, também conhecida por gostar muito de crianças. Várias revistas norte-americanas já publicaram artigos sobre sua filosofia e seus estudos nas áreas de metafísica e ciência. Apresentaremos mais alguns de seus textos nos Capítulos 2, 3 e 4.

※　※　※

Um talento ou um problema?
DOREEN VIRTUE

Sabemos que as crianças índigo já nascem com um talento especial. Muitas têm a consciência de verdadeiros filósofos sobre o sentido da vida e sobre como salvar o planeta. São grandes artistas, inventores e cientistas. Mas nossa sociedade antiquada está sufocando essas preciosas qualidades.

Muitas crianças que nascem com talentos especiais têm sido diagnosticadas como portadoras de "deficiências de aprendizado", segundo a The National Foundation for Gifted and Creative Children (Fundação Nacional de Crianças com Habilidades Especiais)(6), uma organização sem fins lucrativos cujo principal objetivo é identificar e ajudar crianças especiais. Segundo seus dirigentes, muitas delas estão sendo praticamente destruídas no sistema público de educação e qualificadas como TDAHs. Muitos pais não têm condições de identificar o talento inato de seus filhos.

A lista seguinte, fornecida pela Fundação, pode ajudá-lo a perceber se seu filho tem essas características:

&- demonstra sensibilidade extrema;

&- tem excesso de energia;

&- entedia-se com facilidade e parece ter dificuldades de concentração;

&- necessita da presença de adultos emocionalmente estáveis e seguros ao seu redor;

&- resiste a qualquer tipo de autoridade que não seja exercida de maneira democrática;

&- tem métodos próprios de aprendizado, especialmente no que se refere a leitura e matemática;

&- frustra-se facilmente quando suas grandes idéias não podem ser colocadas em prática por falta de recursos ou de compreensão por parte das pessoas;

ᄀ aprende pela própria experiência, recusando-se a seguir metodologia repetitiva ou passiva;

ᄀ dispersa-se facilmente, a não ser que esteja envolvido em alguma
tarefa que lhe desperte grande interesse;

ᄀ é muito emotivo e teme a perda ou a morte das pessoas que ama;

ᄀ traumatiza-se com seus erros e pode desenvolver bloqueios permanentes de aprendizado.

Creio que se trata de uma descrição bastante precisa do perfil das
crianças índigo. E mais: "essas crianças podem se retrair quando se
sentem ameaçadas ou rejeitadas e acabam sacrificando sua criatividade
para serem aceitas".

✳ ✳ ✳

Kathy McCloskey, Ph.D., também contribuiu fornecendo dados
e casos de crianças índigo.

✳ ✳ ✳

As novas crianças e seus talentos
KATHY MCCLOSKEY

Realizei durante um ano todo uma série de testes com três crianças
que apresentavam todas as características índigo, no centro de saúde mental
de minha comunidade. As três foram encaminhadas a mim por uma psicóloga infantil que identificou, em relatórios de pais e professores, diversos
problemas de conduta e de atenção apresentados por essas crianças. Não
detectou, contudo, nenhum desses sintomas ao analisá-las, embora todos

dissessem que eram crianças "impossíveis de controlar", tanto na escola quanto em casa.

A psicóloga, que chamarei de "Amanda", trata todos os seus pacientes com muita paciência e respeito. Recusou-se a considerar os relatórios quando percebeu que não correspondiam à sua avaliação e solicitou que fossem realizados mais testes. A primeira paciente era uma garota caucasiana de 14 anos. Costumava pegar o carro dos pais sem permissão para ir a um *shopping center* próximo, que ficava aberto 24 horas por dia. Havia repetido um ano na escola por tirar notas muito baixas. Sofria discriminação na escola por parte de colegas e professores devido ao seu desenvolvimento físico muito adiantado e ao tipo de linguagem que utilizava. Os pais já não suportavam mais a situação e não sabiam o que fazer. Ela jamais os deixava "vencer" uma discussão.

O resultado de seus testes de QI foi 129 em habilidade verbal e 112 em habilidades e desenvolvimento visual-espacial (69 ou menos indicam deficiências, 70-79 são o mínimo de normalidade, 80-89 indicam baixo desempenho, 90-109 é a média, 110-119 indicam alto desempenho, 120-129 indicam nível superior e 130 representa QI acima do normal). Seus resultados mostraram um nível alto de desempenho de linguagem quando comparados aos conhecimentos gerais de testes de escola e o restante estava dentro da "média" para sua idade e nível de conhecimentos! Ou seja, ela não apresentava áreas de baixo desempenho, muito pelo contrário. Tanto sua habilidade cognitiva quanto seu conhecimento do conteúdo escolar estavam acima da média das crianças de sua idade, apesar de ter repetido um ano! Portanto, algo de errado estava acontecendo.

A menina já havia sido medicada com Ritalina e *Cylert*, dois dos principais medicamentos mais utilizados para casos de TDAH, mas sem resultado. Os pais diziam que ela sempre tinha sido "daquele jeito" e que nada que tentavam "dava certo". Mas falando com ela, podia-se perceber que agia e falava como adulta. Seus olhos e seu rosto deixavam isso muito claro. Tinha-se a impressão de que se tratava de uma "alma antiga". O problema é que ninguém conseguia reconhecer isso! Amanda e eu conseguimos identificar tudo isso por meio dos testes que fizemos. Graças à intervenção de seus pais, ela hoje estuda em uma instituição adaptada às suas necessidades. Mas não foi uma tarefa fácil. Tiveram de conseguir uma bolsa de estudos, já que se trata de uma escola de alto nível muito cara. Ela tem apresentado um excelente desempenho, agora que seus pais estão mais abertos ao diálogo e a tratam com seriedade e como a filha índigo que é, com todas as suas qualidades.

A segunda criança era um menino de nove anos afro-americano. Havia sido adotado três anos antes por um casal de afro-americanos que tinham acabado de se mudar para a nossa cidade. Os pais adotivos diziam que o garoto era "hiperativo". Não parava quieto sequer um instante e os professores diziam que ele atrapalhava as aulas na escola (respondendo aleatoriamente às perguntas, incomodando os colegas, levantando-se constantemente de sua carteira etc.). Os pais receava que o menino tivesse herdado características de seu pai biológico, que era dependente de drogas, e se questionavam se esse comportamento era resultado de lares adotivos de ambiente instável em que ele vivera antes de ser adotado por eles. Os professores haviam indicado um tratamento com medicamentos para TDAHs, mas os pais queriam descobrir "a fonte" de seus distúrbios antes de tomar uma decisão tão drástica.

Os resultados de seus testes de habilidades verbais e de QI foram altos (116 e 110, respectivamente), mas ainda dentro da média normal. Entretanto, dois dos subtestes indicaram níveis muito altos, acima da média: o de conhecimentos de regras e normas sociais e de habilidade cognitiva abstrata. Seus testes escolares indicavam um alto nível de desempenho em todas as matérias, o que demonstrava sua grande capacidade de aprendizado e desenvolvimento.

Acredito, porém, que seu desempenho escolar era um indicativo mais preciso de suas habilidades do que o teste de QI. Isso costuma acontecer quando uma criança com habilidades especiais é exposta a um ambiente caótico e economicamente instável nos primeiros anos de vida. No caso desse garoto, os subtestes de QI mostravam com mais clareza seu perfil.

Contudo, ainda assim estava sendo classificada como portadora de TDAH, quando na verdade apresentava um nível de desenvolvimento muito acima da média. Mais uma vez, ninguém conseguia identificar essas características! Igualmente à menina, o garoto relacionava-se com os pais e com os colegas como um adulto muito inteligente. Percebia-se pelo seu comportamento que ele também possuía uma "alma antiga".

Então, o que fazer com toda aquela energia? Os pais já haviam estabelecido um sistema de regras bastante claras em casa (que ele mesmo ajudou a criar). Ajudavam-no a gastar seu excesso de energia e a executar algumas tarefas físicas (expressão corporal, repetição, ficar em uma posição específica ou apoiado em apenas uma perna enquanto memorizava textos, contar histórias por mímica etc.). Explicamos aos pais do menino como poderiam apresentar essas atividades aos professores, sem colocar os mestres do menino na defensiva ou fazê-los sentir que estavam mostrando-lhes como ensinar.

A terceira criança era um garoto afro-americano de oito anos, que parecia ser bem mais novo. Morava com a mãe, com o padrasto e com um irmão de um ano e meio. Foi encaminhado a Amanda após ter fugido duas vezes da escola e ser pego pela polícia no caminho de casa. Disse várias vezes à mãe que desejava morrer e que se mataria. Mas quando lhe perguntavam o que planejava fazer ele se calava e olhava para o chão.

Esse garoto e seu irmão me surpreenderam. Tinha a impressão de que todas as minhas experiências anteriores com crianças índigo haviam sido somente uma preparação para essas duas. O mais velho me olhava calmamente nos olhos e dizia que não valia a pena viver se sua mãe não demonstrava amor por ele. Lamentava ter de estar aqui. O mais novo me olhava profundamente nos olhos como se fosse um adulto e, por sua postura e comportamento, posso jurar que estava me pedindo para não revelar seus segredos.

Segundo a mãe, o mais velho cuidava do mais novo sem que ela precisasse pedir e parecia saber sempre o que fazer, mas fora isso era "terrível". Desde a pré-escola tinha sido "hiperativo", respondia mal aos professores, queria fazer tudo à sua maneira e era bastante manipulador, percebendo a maneira de ser das pessoas e usando isso contra elas. Havia feito um tratamento com outro psicólogo dois anos antes e a mãe parou de levá-lo porque seu comportamento tinha melhorado. Mas agora estava muito pior e ela queria que ele tomasse Ritalina.

Disse, ainda, que o amava muito, mas que ele parecia não entender isso, talvez porque passava a maior parte de seu tempo cuidando do filho mais novo já que o marido não a ajudava. Além disso, eram obrigados a mudar de casa e de escola a cada ano por causa do trabalho dele. Ela também teve de voltar a trabalhar por razões econômicas, embora preferisse ficar em casa com os filhos. Gostaria que o marido participasse mais da vida deles, pois o mais velho ainda sentia falta de seu pai verdadeiro, que tinha sido preso diversas vezes e já não tinha mais contato com eles.

Nem Amanda nem eu estávamos preparadas para os resultados daqueles testes. O mais velho tinha QI muito acima do normal (130 ou mais) e obtinha resultados médios apenas nos testes escolares de habilidade de escrita (no restante, seu QI era acima do normal). Apesar de não mostrar bom desempenho na escola, de a mãe e os professores afirmarem que "não prestava atenção", e de não se encaixar no perfil de aluno "ideal", seu desempenho cognitivo e geral era proporcionalmente ao de um para cada 10.000 crianças de sua idade.

Entendi perfeitamente o que diziam na primeira vez que ele veio ao meu escritório. Examinou tudo, até o que havia em minhas gavetas e me ignorava quando pedia para se sentar. Então assumi o controle e expliquei de maneira calma e adulta que me incomodava o fato de alguém vir ao meu escritório e mexer nas minhas coisas sem pedir autorização e que me sentia magoada por ser tratada daquela maneira. Perguntei se alguém mexia em suas coisas daquele jeito e ele disse que sim, tanto em casa quanto na escola. Pediu desculpas e apertamos as mãos como amigos.

Durante as quatro semanas de testes, ele não demonstrou nenhum tipo de comportamento invasivo ou "impróprio". Mostrou-se atencioso, educado e esforçado. Amanda teve o mesmo problema no início, reagiu da mesma maneira e obteve o mesmo resultado. O segredo para lidar com aquele garoto era **respeitá-lo**. Depois de algum tempo, ninguém mais dizia que era a mesma criança.

Amanda e eu ainda estamos decidindo como apresentar nossas conclusões a seus pais sem fazê-los sentir-se culpados por seus "problemas", principalmente sua mãe, que sofre grande pressão. No entanto, precisam modificar a maneira de tratar o filho para ajudá-lo a lidar com suas limitações e expectativas.

Em resumo, há duas maneiras de se identificar uma criança índigo:

1. Se a criança for diagnosticada como um "problema", deve passar por uma bateria de testes.
   • nem todas as crianças índigo obtêm uma classificação "acima do normal" em testes, a maioria não apresenta sequer uma área (ou subteste de QI) de destaque;
   • o desempenho escolar é quase sempre mediano.

2. Se a criança é classificada como TDAH, há chances de que também seja índigo.
   • verifique se o comportamento da criança não está sendo confundido erroneamente com o de um TDAH;

- crianças índigo são normalmente classificadas como hipe-rativas e com problemas de "atenção" porque os métodos antigos de ensino não são adequados para ela.

Trabalhar com crianças índigo exige aperfeiçoamento constante. Elas nos ensinam muito! Já trabalhei como psicóloga "oficial" em casos de índigos e tive o prazer de usar todo o meu conhecimento e habilidade para mudar e fazê-los mudar. Mas creio que pessoas como a psicóloga Amanda, que reconhecem que as coisas nem sempre são o que parecem no caso dessas crianças, são as mais indicadas.

Foi um prazer trabalhar com ela e com essas três crianças. Aprendo a respeitá-las cada vez mais.

❋ ❋ ❋

A opinião de professores e autores

A maioria das pessoas que entrevistamos trabalham diretamente com crianças. São professores, babás ou professores assistentes. Alguns trabalham há mais de vinte anos na área e mesmo assim estão surpresos com as mudanças da nova geração.

Nossa mensagem para os pais é: não desanimem. Existe esperança! Esses profissionais têm consciência das mudanças e sabem que o "pro-blema" está no sistema educacional e não nas pessoas. Também ficam frustrados com as dificuldades que enfrentam, embora não possam confessar, e ainda não têm em mãos uma solução que possam colocar em prática.

O Capítulo 2 fornece sugestões sobre o que fazer em casa para diminuir os problemas dessas crianças em relação à escola.

Entrevistamos **Debra Hegerle**, uma professora assistente que mora e trabalha na Califórnia. Seu relato é bastante interessante porque ela não **estuda** crianças índigo; na verdade, ela tem contato diário com elas. E, como se não bastasse, tem uma em casa também.

❋ ❋ ❋

Crianças índigo
DEBRA HEGERLE

Tenho um filho índigo de sete anos. Trabalho como assistente na escola em que ele estuda. Assim, tenho acompanhado suas aulas desde a pré-escola até agora, em que cursa o ensino fundamental e venho observando seu modo de interagir com índigos e não-índigos de todas as idades. É um relacionamento bastante interessante e um tanto difícil de descrever, pois muitas de suas ações ocorrem de maneira bem sutil.

Pelo fato de sua auto-estima e senso de integridade serem muito desenvolvidos, os índigos processam suas emoções de maneira diferente dos outros. Conseguem captar com muita facilidade todas as reações das pessoas e neutralizar todas as suas tentativas de tentar manipulá-los, por mais sutil que seja a intenção. Conseguem "ler" até mesmo as emoções que as pessoas nem sabem que têm! Possuem uma determinação descomunal e desenvolvem todas as suas tarefas sem precisar de ajuda e aceitam apenas sugestões apresentadas com respeito e com possibilidades de escolha; em geral, preferem resolver seus problemas e dificuldades sozinhos.

Expressam suas intenções e mesmo suas qualidades desde bebês. Absorvem informações com uma facilidade assombrosa, principalmente quando o assunto as interessa. Acabam se tornando especialistas naquilo que mais gostam. Aprendem muito rápido com as experiências e até mesmo criam situações que as ajudem a lidar com os problemas ou com os aspectos de sua personalidade que necessitam de mais desenvolvimento. Reagem melhor quando tratados com respeito, como adultos.

Além da capacidade de captar rapidamente as intenções das pessoas ao seu redor, eles conseguem inverter as situações, manipulando ao invés de serem manipulados, especialmente seus pais. Têm um perfil não conformista e, se percebem que há alguma intenção escondida por trás das ações de quem lhes dá algum tipo de ordem, negam-se a cumpri-las e sentem-se no direito de agir assim. Se sentem que alguém não está cumprindo seu papel na relação, desafiam-no a mudar.

E quando menciono "desafio", quero dizer que eles nos ajudam a perceber que estamos utilizando artifícios antigos e ultrapassados para dominá-los e que isso não funciona mais. Então, se você está tendo algum tipo de problema com uma criança índigo, pare e analise seu modo de agir. Ela pode estar tentando lhe mostrar que há outras possibilidades de ajudá-la a desenvolver suas habilidades e crescer.

Os índigos têm capacidades inatas de cura e as utilizam mesmo sem ter consciência disso. Já pude observar que elas se agrupam ao redor das crianças doentes ou tristes como se estivessem misturando sua energia com as delas para fazê-las sentir-se melhor. Sentam-se lado a lado com elas ou ficam ao seu redor, formando triângulos ou a forma de um diamante. E isso é feito de maneira bastante sutil. Quando a criança já se sente melhor, as outras se dispersam e continuam com suas atividades.

Quando perguntamos a elas o motivo de fazerem isso, não querem falar do assunto. Em alguns casos creio que nem estavam conscientes do que faziam. É algo tão natural para eles que quando alguém precisa de sua ajuda eles simplesmente se sentam ao lado da pessoa ou da criança, mesmo que não seja para conversar, e simplesmente se levantam e vão embora depois.

Outra coisa interessante que pude observar foi o fato de os índigos se atraírem ou se separaram durante certos períodos do ano. Parece que precisam mais uns dos outros em determinada época e simplesmente ignoram-se em outras. Não estou bem certa ainda, mas isso parece estar relacionado com o tipo de personalidade de cada um. Não perdem o espírito de amizade e preocupação um com o outro mesmo nos períodos em que estão mais distantes, e parecem não querer se reunir enquanto não está tudo bem com cada um.

Vou contar uma história sobre meu filho, que serve como exemplo. Meu marido tem ascendência chinesa e eu germano-finlandesa. A família dele preza muito a educação, e todos foram criados de maneira a obter sucesso na vida. Isso às vezes se manifesta nos filhos por meio de competições, para mostrar quem é mais inteligente ou mais habilidoso. Meu marido e eu já estabelecemos um acordo e não participamos desse tipo de competição, mas isso não impede que o resto da família participe. Para ilustrar melhor o que digo, meu filho é o único menino da família e o único "herdeiro homem".

Estávamos na casa de meus sogros no Natal, e meu filho, que tinha então quatro anos, estava exibindo seu novo brinquedo (Falcon Millenium™ da série "Guerra nas Estrelas" para crianças a partir de seis anos) que tinha acabado de ganhar. É uma nave espacial grande e que se abre, com vários compartimentos internos de formato semelhante e que podem ser retirados. Mas ele não estava interessado nos detalhes naquele momento, e sim em fazê-lo voar e disparar mísseis imaginários. Um de seus tios pediu para ver o brinquedo. Tirou todas as portas das caixinhas, entregou a nave a meu filho e perguntou: "Você é capaz de colocá-las todas no lugar certo novamente?"

Era realmente um grande desafio. Todas as portinhas eram da mesma cor e seu formato quase não variava. Mas o tom na voz do tio não deixava dúvidas e o instigava ainda mais. Mas sei que ele é uma pessoa cheia de protocolos e que tem três filhas, por isso sua postura não me surpreendeu. Mas a reação de meu filho, sim.

Eu quis intervir, mas ele se virou para mim e me olhou de uma maneira que nunca mais vou esquecer. Queria testar minha reação e conseguiu captar o que eu sentia: naquele momento eu agia como uma "leoa", interferindo para proteger o filhote, o meu filho. Respondeu então prontamente com um olhar do tipo: deixe comigo, mãe. Vou cuidar disso. Sua energia naquele momento foi tão forte que tomou conta da sala. Todos pararam de conversar e olharam para ele. Respondeu então, com toda a calma para o tio: "Não sei. Ainda não tentei, mas deixe-me ver". Sentou-se, pegou o brinquedo e encaixou todas as portas com uma rapidez e precisão impressionantes!

Quando terminou, a energia forte no ar se dispersou e ele me olhou como se perguntasse: gostou mãe? Olhei para ele sorrindo e disse: "muito bem". Todos na sala perceberam o significado sutil da cena, inclusive seu tio, que nunca mais agiu daquela maneira com ele ou com qualquer outra criança em nossa presença.

Ninguém fez comentários sobre o acontecido, mas todos captaram a lição.

Índigos são educadores natos! Precisamos entender que esperam que todos ajam naturalmente como eles. Quando isso não acontece, modificam a situação até que aconteça. Seu objetivo é que sejamos como eles: donos de nossa vida e destino. Ao ter aquela reação, meu filho ensinou a todos uma lição, inclusive a si mesmo.

O que aprendi naquele dia foi que devo deixá-lo agir por si mesmo, pois apesar de tão pequeno ele é capaz. Minha tarefa é apenas observá-lo atentamente. O processo foi muito interessante. Ele analisou rapidamente a situação e reagiu de maneira a aprender com a experiência. Quis certificar-se de que teria meu apoio e confrontou diretamente o tio, reunindo toda a energia necessária para desempenhar a tarefa. Após completá-la, dispersou a energia e voltou a se divertir na festa.

Já pude presenciar outras situações em que índigos reagiram da mesma maneira. Eles avaliam a situação e escolhem suas ações de acordo com o tipo de experiência que desejam ter. A única variante é o tipo de criação que receberam. Quanto mais seguros se sentem, mais seguem o padrão.

Segurança é algo imprescindível para as crianças em geral, pois quando se sentem seguros passam a explorar totalmente seu universo.

Para os índigos, é a base de que necessitam para tentar alternativas diferentes. Espaço para agir é a melhor coisa que podemos oferecer aos nossos filhos e até a nós mesmos.

✵ ✵ ✵

Robert Gerard, Ph.D, é palestrante e tem dons intuitivos e de cura. Foi proprietário e editor da *Oughten House Publications* durante vários anos. Escreveu *Lady From the Atlantis* (*A mulher de Atlantis*), *The Corporate Mule* (*O operário das grandes corporações*) e *Handling Verbal Confrontation: Take the Fear Out of Facing Others* (*Como lidar com o confronto verbal e perder o medo de enfrentar as pessoas*). Está atualmente promovendo seu último livro, *DNA Healing Techniques: The How-to Book on DNA Expansion and Rejuvenation* (*Técnicas de cura pelo DNA: um guia completo para a expansão e o rejuvenescimento*). Robert ministra palestras e *workshops* sobre a cura pelo DNA no mundo todo e está disponível para contatos.

Cansado de ouvir que as crianças hoje são um problema? Robert percebeu que sua filha era uma criança índigo e seguiu sua intuição para vencer o desafio. Então, aquilo que poderia ser um problema passou a ser motivo de orgulho e de alegria.

Jan e eu percebemos que em todos os casos de crianças índigo há sempre casos extremos: ou apresentam graves problemas e disfunções ou são a alegria de todos. E decidimos deixar isso muito claro neste livro.

✵ ✵ ✵

Emissários dos céus
ROBERT GERARD

Ter minha filha foi para mim uma verdadeira bênção, pois me permitiu uma série de experiências sutis e ao mesmo tempo profundas.

Considero todos os acontecimentos um presente da vida, são oportunidades de aprendizado. Várias pessoas já me disseram que minha filha é uma das crianças índigo que foram enviadas a este planeta. Como pai e como profissional posso afirmar que essas crianças são mesmo muito especiais e precisam ser compreendidas.

Qualquer pai que esteja aberto a possibilidades e que observe bem perceberá que elas trazem consigo o dom de despertar e de lembrar as pessoas de que mudanças são possíveis. Ajudam a nos manter focados no momento presente e nos fazem ver que também precisamos rir, brincar e ser livres. Olham em nossos olhos e nos fazem sentir como éramos quando crianças. Parecem saber de tudo o que acontece em nossa vida e nos levam, com sutileza, a retomar nossa missão. Basta não serem inibidos pela ação dos pais e essas crianças cumprirão seu papel tão importante.

Minha filha, Samara Rose, nos faz lembrar disso toda vez que há brigas ou desavenças entre mim e minha esposa. Assim como várias crianças que nasceram no final dos anos 80, Samara (que significa "de Deus") veio para este mundo com uma missão específica e nos transmite mensagens todos os dias. Os índigos vieram para servir ao planeta, aos pais e aos amigos como emissários do Céu e disseminadores da sabedoria. Basta prestarmos atenção.

Se me perguntam qual o significado de crianças índigo para mim, respondo que minha filha é uma pessoa com a qual é muito simples conviver. Depois de ter três outros filhos, que hoje são adultos, posso afirmar que Samara é mesmo diferente. Crianças índigo são afáveis e muitas têm um olhar poderoso. Vivem totalmente o momento presente, são alegres, espirituosas e gostam de fazer as coisas à sua maneira. Para mim, são emissários do Criador.

Parecem ser capazes de transmitir mensagens sutis, algumas delas além de nossa capacidade de compreensão. Experimente parar e observar as crianças e entenderá o que digo. Elas podem nos ajudar a encontrar a verdade, o caminho e a paz. Olhe nos olhos de uma dessas abençoadas crianças índigo e verá que ela sabe exatamente por que está aqui. Acredito nesse fenômeno, não apenas como pai, mas também como consultor da área de auto-ajuda. Fico muito feliz por ter percebido tudo isso. Por causa de meu trabalho de editor, muitos amigos e colegas pernoitam em minha casa e todos eles, invariavelmente, se apaixonam por Samara. Vão ao quarto dela, brincam e conversam com ela durante horas. Quando saem, parecem bem mais calmos e alegres. Antes, quando tínhamos longas reuniões de negócios, todos acabavam ficando muito cansados. Mas hoje, logo que chegam perguntam dela. Já percebi que existe um padrão. Toda vez que interage com os adultos, ela os faz lembrar de como eram quando crianças e da simplicidade da vida. Mas também é um pouco extremista às vezes, o que faz com que as pessoas a amem ou a detestem. Estou tentando ensinar a ela como se expressar de maneira mais carinhosa.

A maioria dos índigos consegue ver anjos e outros seres e descrevem tudo com detalhes. E não se trata de imaginação, mas de mera explicação. Costumam falar abertamente de suas visões um com o outro a não ser que sejam reprimidos pelos pais. Por sorte, as pessoas estão um pouco mais abertas e dispostas a ouvir esses emissários. Nossas fantasias sobre crianças estão sendo, pouco a pouco, substituídas pela curiosidade e pela confiança.

Os índigos adoram a perfeição e a maneira como as pessoas se relacionam. Ficam irritados quando as coisas não estão em ordem ou as pessoas não conseguem se comunicar. São muito espontâneos e se alegram com tudo. Muitas pessoas têm dificuldade em se relacionar com elas porque ainda estão apegadas a valores e crenças antigas com as quais elas não concordam.

Quando era criança, quantas vezes você não ouviu a pergunta: o que quer ser quando crescer? E ficava imaginando uma profissão ou atividade qualquer. Isso não o fazia se distanciar do momento presente? Fazer esse tipo de pergunta a uma criança é interferir e violar o seu direito de ser simplesmente criança naquele momento. Devemos deixar que sejam elas mesmas, para que sigam sua missão.

PROBLEMAS MAIS COMUNS ENFRENTADOS PELOS ÍNDIGOS

Gosto de falar sobre os aspectos positivos das crianças índigo, mas também já pude observar uma série de problemas profissionais e pessoais que elas enfrentam.

1. Exigem mais atenção que as crianças comuns e sentem que a vida é algo precioso demais para ser desperdiçado. Querem que as coisas aconteçam e costumam manipular as situações para que satisfaçam suas expectativas. Muitos pais acabam caindo na armadilha e fazendo tudo o que elas desejam em vez de educar ou de ensinar. Nesses casos, é comum a criança começar a seguir os passos dos pais como se estivessem intimamente ligadas a eles por um estranho elo.

2. Ficam frustradas ao perceber que as pessoas não entendem o fenômeno índigo. Não conseguem conceber qualquer tipo de relacionamento que não envolva amor. Estão sempre dispostas a ajudar as outras crianças, embora sua ajuda seja muitas vezes recusada. Podem ter grandes dificuldades de adaptação.

3. São muitas vezes classificadas como portadores de DDA ou de hiperatividade. É claro que em muitos casos isso realmente ocorre por razões químicas ou genéticas. Mas e quanto aos que não são compreendidos simplesmente porque a ciência ainda não consegue aceitar sua importância terapêutica em termos espirituais e etéricos?

> Costumo conversar com muitas crianças e adultos que apresentam características de hiperativos ou de DDAs e em alguns casos o motivo é meramente etérico ou espiritual. Os índigos classificados como portadores de DDA parecem ter dificuldade para se concentrar ou atingir objetivos específicos. Mas isso não precisa ser visto como um problema e sim como uma característica muito interessante. Dialogando com essas crianças, permitindo que se expressem abertamente e com segurança e orientando-as para que deixem fluir seu lado espiritual e criativo, podemos ajudá-las a resolver o problema do DDA.
>
> Diversas pessoas dizem ser DDAs ou hiperativas e com isso causam ainda mais problemas para si mesmas, pois passam a negar suas habilidades e seu autocontrole. Deve-se tomar muito cuidado antes de classificar um DDA ou hiperativo ou mesmo iniciar um tratamento.

Haverá uma nova geração de crianças índigo no planeta? Será que nós, pais e adultos, gostamos da idéia de ter conosco esses emissários do Criador? Estamos mesmo preparados para *ouvir*?

Não podemos negar que eles têm um tipo de consciência mais bem preparado para lidar com a realidade. Então vamos abrir nosso coração, mente e espírito para aceitar esses presentes dos emissários do Céu.

※ ※ ※

Histórias interessantes sobre os índigos

Gostaríamos de concluir este capítulo com algumas histórias sobre as crianças índigo, lembrando que cada uma delas é única e especial. A melhor maneira de aprender sobre os índigos é ter contato direto com eles.

Antes mesmo de aprender a andar ou a falar, Emma fez algo que nos comoveu. Consideramos esta história como nosso pequeno milagre.

Em março de 1996, meu pai ainda morava conosco, mas os médicos já haviam diagnosticado nele problemas cardíacos sérios e sabíamos que, apesar de todo o nosso carinho, ele não viveria muito tempo. Estava muito fraco e passava a maior parte do tempo dormindo em sua poltrona.

Emma tinha um ano e três meses na época. Ainda não falava nem andava, mas percebíamos que já compreendia algumas coisas e que nos amava muito. E algo se passava naquela cabecinha, pois ela parecia saber que seu avô não estava bem e que precisava de ânimo. Um dia ela engatinhou até a poltrona, ficou de joelhos apoiada nas pernas dele e estendeu a mão para lhe oferecer seu brinquedo predileto. Foi emocionante ver como aquele homem pareceu voltar à vida, sorrindo e conversando com ela. Isso aconteceu dois dias antes de ele falecer. Chamamos a cena de nosso pequeno milagre e tiramos várias fotos, que nos emocionam até hoje.

JEAN FLORES, BROOKLYN, NOVA YORK

✳ ✳ ✳

Minha filha nasceu em 1988. Aos dois anos já se comunicava perfeitamente. Um dia, quando tinha três anos e estava no playground, aproximou-se de algumas meninas mais velhas, que riram dela por considerá-la pequena demais para brincar com elas. Mas não se abalou. Veio falar comigo e me informou de maneira muito séria: "Mãe, elas não têm idéia de quem eu sou!"

LINDA ETHERIDGE, PROFESSORA

O QUE FAZER
PARA AJUDAR?

EMBORA OS COLABORADORES DESTE CAPÍTULO NÃO SE conheçam, você perceberá que suas opiniões são bem semelhantes. Normalmente, isso indica que se trata de uma experiência geral e real, principalmente quando as soluções indicadas são as mesmas.

Discutiremos como tratar as crianças índigo tanto sob a perspectiva comportamental, quanto sob a paterna. Embora se trate de experiências e conselhos variados, há vários pontos em comum.

Neste capítulo, apresentamos diversos conselhos práticos que advêm da experiência de especialistas, professores e pais, com o objetivo de oferecer soluções para o problema de como lidar com esse novo tipo de criança. No entanto, várias pessoas nos disseram que deveríamos simplesmente pular essa parte (ou nem publicar o livro!). Acreditam que não há nada que se possa fazer para mudar nossas crianças.

Um exemplo disso é um artigo da revista *Time*, de 24 de agosto de 1998, intitulado "The Power of the Peers" (O poder dos colegas), em que o colunista Robert Wright trata do princípio da criação(8), de Judith Rich Harris, segundo o qual os pais exercem pouca influência sobre as crianças! Segue um trecho do artigo:

Os psicólogos podem desistir de sua secular busca da melhor maneira de criar bem uma criança; não que a tenham encontrado, mas é que ela simplesmente não existe... Judith Rich Harris declara abertamente que os pais "não exercem muito efeito sobre o desenvolvimento da personalidade de seus filhos".

Judith Harris evidentemente acredita que as influências do ambiente externo ao lar é que moldam a vida de uma criança, assim como os fatores genéticos. A criança absorve os valores do mundo exterior e os combina com uma predisposição de personalidade herdada. Segundo ela, isso é que estabelece suas condições de vida. Os pais simplesmente "acompanham-o processo" sem poder influenciar diretamente.

Obviamente, não concordamos com essa teoria, mas a apresentamos para que você possa estabelecer um julgamento. Leia o livro dela, se tiver oportunidade, e compare suas informações com seu instinto materno ou paterno e com o conteúdo deste livro. Em resumo, Robert Wright afirma que:

A teoria de Judith Harris de que os pais superestimam a influência que exercem sobre seus filhos é bastante convincente e pode ajudar a acalmar muitos deles em uma era em que existe tanta ansiedade no ar. Mas também pode ter um efeito oposto. Muitos pais se preocupam em moldar os filhos de acordo com um contexto específico. Qual escola escolher? Ele pode jogar futebol aos sábados ou deveria ter aulas de inglês? Pode ir à festa de aniversário ou deveria ficar em casa assistindo a um programa educativo de TV? Relaxe. A ciência ainda não respondeu a todas essas questões.

Acreditamos que a influência dos pais faz, sim, toda a diferença. Convidamos você a ler este capítulo tendo em mente que as sugestões aqui apontadas são de pessoas experientes no assunto e que encontraram algumas soluções.

Iniciamos com uma lista de dez itens básicos, tirados da experiência em nossas viagens e do contato com todas essas pessoas:

1. Trate os índigos com respeito e demonstre alegria por eles fazerem parte da família.

2. Ajude-os a encontrar suas próprias soluções em termos de disciplina.

3. Dê *sempre* a eles uma possibilidade de escolha.

4. Jamais os subestime. Jamais!

5. Explique sempre a eles o motivo de lhes dar uma ordem. Mas pense antes no que irá dizer. Se for algo do tipo: "porque estou mandando", mude o formato da ordem. Eles respeitarão sua tentativa e aguardarão. Mas se der a eles ordens ditatoriais e sem um motivo justo irão simplesmente ignorá-las, não obedecerão e ainda lhe darão uma lista de motivos pelos quais elas não fazem sentido. Às vezes, uma resposta simples como "assim você vai me ajudar muito hoje, pois estou muito cansado" pode acabar sendo mais eficaz porque eles entendem respostas honestas. Irão parar para pensar e obedecerão.

6. Os índigos podem ajudar os pais, contribuindo em vários aspectos para sua própria educação. Pense nisso!

7. Explique a eles desde bebês tudo o que estiver fazendo. Eles não irão entender, mas se sentirão respeitados como pessoas, independentemente de sua idade. E isso será de grande valia quando começarem a falar.

8. Se perceber que apresentam problemas mais sérios, peça diversos testes e avaliações antes de recorrer a medicamentos mais fortes.

9. Evite criticá-los de maneira negativa sem necessidade, pois assim eles se sentirão apoiados quando mais precisarem. Muitas vezes irão verbalizar sensações e detalhes tão sutis de seus pensamentos a ponto de chocá-lo. Então, aproveite o momento de intimidade e comemore. Não os *faça* vencer; *incentive-os* a fazê-lo.

10. Nunca diga a eles quem são ou quem deverão ser no futuro. Eles sabem disso melhor que ninguém. Não tente forçá-los a seguir uma carreira ou um negócio apenas por uma questão de tradição de família. Deixe-os decidir, pois eles não se deixarão influenciar.

Algo interessante aconteceu enquanto eu estava fazendo uma viagem para uma série de conferências. Fiquei hospedada na casa de uma família que tinha um filho índigo de três anos. Bastava olhar em seus olhos para saber que era uma alma muito antiga. Seus pais sabiam disso e o ajudavam a se desenvolver e a se relacionar mais facilmente. Na hora do jantar, por exemplo, não diziam a ele para se sentar, mas deixavam que escolhesse, entre algumas opções, o lugar à mesa. Transformavam uma simples ordem em uma possibilidade diferente, com carinho. Com isso, a criança podia avaliar a situação e se responsabilizar pela escolha que faria, e jamais se recusava a vir para a mesa.

Somente mais tarde ficava um pouco ranzinza e se recusava a fazer o que os pais pediam, como toda criança com sono. Mas eles a conduziam com firmeza nesse momento, colocando-a em seu lugar como deve ser feito com crianças no momento em que testam seu poder. Agiam com disciplina, mas lhe davam explicações calmas e lógicas sobre seu procedimento. Suas ações não eram diferentes da dos outros pais, apenas o modo como a tratavam quando surgia algum problema. A mensagem era muito clara: "nós o tratamos com respeito e você nos trata da mesma maneira".

Nancy Tappe, criadora do termo "crianças índigo", também tem alguns conselhos para os pais.

✳ ✳ ✳

Os pais como guias
NANCY ANN TAPPE,
ENTREVISTADA POR JAN TOBER (PARTE II).

Nancy, quais são seus conselhos para os pais de crianças índigo?

Simplesmente conversar com eles, mostrando algumas possibilidades em vez de simplesmente dizer "não". Eles não aceitam esse tipo de resposta nem algo do tipo "não vou ficar respondendo a todas as suas perguntas". Isso os faz imaginar que você não sabe as respostas e os incita a tentar descobri-las sozinhos.

E como agir, então?

Deve-se dar a eles algumas opções, orientando-os primeiro. Um exemplo: "Quando eu tinha a sua idade e fiz isso, o resultado foi... E você? Como resolveria o problema?" Isso normalmente faz com que percebam a situação e tomem a decisão correta. Minha filha sempre fez isso com meu neto, Colin. Pode-se sentar com uma criança índigo e dizer a ela: "Sabe, hoje eu tive um dia muito cansativo e estou bastante nervoso. Se você insistir muito em fazer algo errado eu vou me irritar. Não quero ter de gritar, mesmo porque você também não vai gostar. Vamos fazer um trato: você me ajuda e quando eu terminar tudo o que tenho de fazer eu lhe dou um sorvete, certo?" Mas não se esqueça da promessa que fez a ele!

Parece interessante e creio que o mesmo método pode ser usado entre maridos, esposas e amigos.

Sim, pode. Mas nós, adultos, tivemos de aprender a nos comunicar assim. Já essas crianças nascem pensando dessa maneira.

Isso significa que eles vão nos ajudar a nos desenvolvermos também?

Mais que isso. Irão nos ajudar a sermos mais honestos. Eles têm uma personalidade muito forte. Ás vezes é melhor deixá-los assumir o controle das situações.

Se uma criança índigo é trancada em um quarto, irá rabiscar as paredes e arrancar os tacos ou o carpete do chão. Tornam-se destrutivos e não cooperam quando isolados. Se tentar colocá-lo na cama mais cedo durante uma festa, todos na casa certamente saberão que ele não quer.

Com eles é preciso colocar em prática todos os princípios de convivência em família, e não apenas idealizá-los. A criança índigo tem plena consciência de seu lugar na família e faz questão de ser respeitada.

E quanto às regras?

Dar ordens, simplesmente, não adianta. Um exemplo é o sistema educacional e escolar em que não se permite às crianças perguntar e dizer tudo o que pensam. Crianças índigo são diferentes. "Por que tenho de fazer isso?" ou "se tenho de fazer, farei do meu jeito" são suas respostas a ordens sem explicação. Elas têm consciência das regras de nosso mundo idealizado e não de nosso mundo real. Esperam que sejamos pais de verdade, que passemos mais tempo com eles e que seja um tempo bem aproveitado. Para nós, qualidade de vida é sinônimo de conforto material, mas para elas a nossa presença é mais importante. Precisam sentir que têm atenção de verdade.

Mesmo nós, adultos, precisamos disso. Os pais devem lembrar que não adianta simplesmente estar presente. É preciso estar com as crianças e lhes dar atenção total, pois elas sentem a diferença.

Ou pode-se simplesmente dizer a elas: "Tenho de sair" ou "tenho de fazer determinada coisa agora". E elas responderão: "Está certo. Vou tomar um sorvete enquanto isso". É muito simples: não há problema em se ausentar, contanto que se explique isso a elas de maneira honesta. Os índigos gostam de ajudar, mas não de ser forçados. Se isso acontece, eles se rebelam, pois conhecem muito bem sua capacidade.

Qual é o seu conselho para professores que têm de trabalhar com grupos de índigos e não-índigos juntos?

Isso ainda é um problema, embora a tendência seja uma diminuição cada vez maior de crianças não-índigos.

Você conhece alguma escola que ofereça um sistema de ensino para índigos?

O sistema mais próximo do ideal nos Estados Unidos é o Sistema Waldorf, uma versão da Escola Rudolph Steiner. Durante a Segunda Guerra Mundial, Steiner deixou a Alemanha e estabeleceu seu sistema de ensino na Suíça.

(Obs.: adicionamos, ainda neste capítulo, mais informações sobre sistemas alternativos de ensino.)

Que tipo de terapia você indica para crianças índigo com problemas psicológicos?

Um bom psicólogo pode ajudar, embora infelizmente a maioria deles não esteja preparada para tratar de índigos. Seu treinamento se baseia nos conceitos de Spock, Freud e Jung, e nenhum deles trabalha (ou não totalmente) com esse tipo de criança. Os índigos são totalmente diferentes.

O melhor tipo de profissional para um índigo conceitual (veja o Capítulo 1) é um psicólogo que trabalhe com esportes, especialmente no caso de meninos. Para um humanista ou artístico, o mais aconselhado é um psicólogo comum. Já um interdimensional necessita de regras mais rígidas, porque tem pensamento muito abstrato. Precisa de aconselhamento específico. Não é interessante?

E os psicólogos e conselheiros que trabalham com essas crianças tiveram de fazer diversas mudanças para se adaptar. Alguns anos atrás, a melhor opção ainda era a psicologia esotérica, pois os profissionais dessa área utilizam, além das técnicas de psicologia, a intuição e outros aspectos espirituais que os psicólogos comuns não podem utilizar. Mas isso está mudando e hoje vários psicólogos passaram a usar ferramentas metafísicas em seu trabalho, o que é muito bom.

※ ※ ※

Apresentamos agora os conselhos de nossos colaboradores, a doutora **Doreen Virtue** e a doutora **Kathy McCloskey**.

※ ※ ※

Ser pai ou mãe de uma criança índigo
DOREEN VIRTUE

Muitos pais costumam me pedir conselhos em meus *workshops* e palestras, frustrados com suas crianças. "Ele se recusa a fazer a lição de casa!" e "Minha filha não ouve uma palavra do que eu digo" são algumas das reclamações mais comuns. Como psicoterapeuta e mãe de um índigo, sou a primeira a admitir que criar uma dessas crianças não é uma das tarefas mais fáceis, a menos que se tenha tempo para se dedicar somente a isso.

Não é preciso ser um profissional da área para saber que boa parte de nosso comportamento vem de nossos pais, da mídia e da classe social em que vivemos. Mas infelizmente isso tudo é produto de uma época que já está se tornando ultrapassada e que já não funciona mais no mundo de hoje. E as crianças índigo vivem integralmente no presente.

Nossa tarefa como pais é proteger nossas crianças índigo da energia antiga e ajudá-los a se lembrar de sua origem divina e a cumprir sua missão. Não podemos permitir que sejam massificadas e se esqueçam do motivo que as trouxe até aqui. O mundo hoje depende delas!

Portanto, a primeira coisa a fazer é procurar ter mais flexibilidade em nossos pontos de vista e expectativas com relação às nossas crianças. Por que é tão importante, por exemplo, que elas estejam indo muito bem na escola? Não estou sugerindo que a educação não seja algo importante, mas pare e pense: o que mais o incomoda ao ver notas baixas no boletim de seu filho? Será que não é o fato de se lembrar de sua própria infância e da cobrança de seus pais? Se for essa a resposta, você não está zangado com ele e sim transferindo o seu medo de infância para ele.

Você também pode achar que ele precisa ter uma "boa educação" para obter "sucesso" na vida. O problema é que o mundo de hoje se baseia em conceitos totalmente novos e diferentes. Em breve, a integridade (que pode ser até mesmo medida telepaticamente, uma habilidade que estamos recuperando cada vez mais) será a mais importante característica de um currículo. Educação sem integridade no futuro não terá o menor valor.

Se conseguirmos modificar nossa visão e nossas expectativas quanto ao comportamento de nossas crianças, passaremos a entender melhor o processo, tendo, assim, mais tranqüilidade para lidar com elas. É claro que no início isso tudo pode não fazer o menor sentido para nós, pois nosso instinto paterno e materno nos faz querer proteger nossos filhos e lutar por seu direito de ter sucesso na vida a todo custo, mesmo que para isso tenhamos de brigar com eles e forçá-los a estudar.

Como estamos diante de uma das primeiras gerações índigo, é normal que alguns erros sejam cometidos. Nossas almas concordaram em encarnar no mesmo plano que as crianças índigo durante essa fase em que se inicia o novo milênio. Portanto, inconscientemente sabemos de nosso compromisso. Devemos nos perdoar por ter assumido essa tarefa difícil e nos lembrar de que Deus jamais nos dá tarefas que não sejamos capazes de cumprir.

※ ※ ※

Passemos às opiniões de nossa próxima especialista sobre como educar uma criança índigo, a doutora **Kathy McCloskey**, já apresentada no início do capítulo.

※ ※ ※

Alguns lembretes para o bom convívio e criação de uma criança índigo
KATHY McCLOSKEY

1. Seja criativo ao estabelecer limites.
   - faça com que despendam bastante energia nas mais diferentes tarefas, como leitura, atividades extras de reforço escolar ou tarefas domésticas;
   - permita às crianças conhecer seus limites em vez de criar alternativas para poupá-las; você irá se surpreender com a capacidade dos índigos; teste todos os seus limites de maneira saudável e, é claro, segura;
   - deixe que elas ajudem a determinar esses limites. Muitos índigos gostam de estabelecer os próprios limites com a ajuda dos pais.

2. Não é necessário dar a elas responsabilidades de adultos, mas sim tratá-las como tal.

- explique tudo como se estivesse explicando a adultos e, principalmente, dê a elas diferentes possibilidades de escolha;
- jamais as humilhe;
- ouça sempre o que elas têm a dizer, pois, como são muito sábias, podemos aprender muito com elas;
- trate-as com o mesmo respeito dedicado a seus próprios pais ou amigos próximos.

3. Se disser a elas que as ama, mas não as tratar com o devido respeito, elas jamais acreditarão nesse amor.

- trate-as com o mesmo amor que diz sentir por elas;
- a maneira como conduzimos nossa própria vida e nossa vida em família é avaliada pelas crianças índigo, que percebem pelas nossas atitudes se as amamos de verdade ou não.

4. Interagir com crianças índigo é ao mesmo tempo uma façanha e um privilégio.

- elas podem se decepcionar facilmente com atitudes incorretas; evite-as ao máximo;
- se tiver qualquer dúvida, pergunte a elas e também a outros adultos que tenham filhos índigo;
- observe as crianças índigo interagindo, pois temos muito a aprender com elas.

E não se esqueça: além de saberem exatamente quem são, essas crianças sabem quem você é. O olhar de uma criança índigo é inconfundível e revela que sua alma é muito antiga e sábia. Não conseguem sequer "esconder" o que pensam, como as pessoas normalmente fazem. Quando as magoamos, ficam desapontadas e podem até questionar o motivo de terem nos "escolhido" para conviver com elas. Mas, se as amamos e as reconhecemos como justas e sábias, estarão sempre abertas e prontas a interagir como ninguém mais sabe fazer.

※ ※ ※

Apresentamos a seguir algumas sugestões de **Debra Hegerle** quanto à literatura sobre as crianças índigo. Vários desses títulos constam da bibliografia do final deste livro.

※ ※ ※

Tédio e honestidade
DEBRA HEGERLE

Os índigos são pessoas muito abertas e honestas, mas essas características não são seus pontos fracos mas sim sua maior força. Mesmo que alguém não aja de maneira honesta com elas, serão sempre honestas com a pessoa, mas jamais a respeitarão. Honestidade é, para elas, algo de extrema importância. São capazes de ir até o fundo de uma questão lado a lado com alguém até que a pessoa perceba que deve tratar a situação de forma honesta, admitir seu erro ou desistir. Dentre as três opções, desistir pode ser a pior. Os índigos não respeitam quem não analisa os processos e as situações da vida e desiste facilmente. Para eles, desistir significa deixar de cumprir suas tarefas. Parar para pensar é admissível porque mostra interesse pelo assunto. Para eles, basta que reconheçamos as grandes oportunidades de aprendizado que a vida oferece. Não precisamos ser perfeitos; basta sermos honestos!

O tédio pode tornar os índigos bastante arrogantes. Quando isso acontece, é sinal de que precisam de novos desafios e limites. Mantê-los sempre ocupados é a melhor maneira de evitar o problema. Mas se, ainda assim, eles continuarem entediados ou a portar-se mal, é sinal de que estão criando alguma situação ou experiência que lhes traga aprendizado, o que revelará muito sobre seu plano de vida. Acompanhá-los de perto durante essa fase é o melhor a fazer. Podemos distinguir tal situação do simples tédio, porque ou não se consegue detê-los ou logo percebemos o que está acontecendo.

Os seguintes livros podem ajudar todos os pais, principalmente os de crianças índigo:

ℒ *Back in Control – How to Get Your Children to Behave* (Reassuma o controle e faça suas crianças se comportarem), de Gregory Bodenhamer(9). O livro tem por base o princípio de que podemos disciplinar as crianças a partir do momento em que passamos a respeitar a nós mesmos e a elas dando-lhes opções de comportamento ou atitudes, deixando claras as conseqüências de cada uma de suas escolhas e, principalmente, dando continuidade ao processo.

ℒ *The Life You Were Born to Live – A Guide to Finding Your Life Purpose* (Viva tudo o que deve viver – um manual para descobrir qual é sua missão), de Dan Millman(10). Trata-se de um excelente guia para identificar e reconhecer os pontos fortes e fracos das pessoas (e de nós mesmos) e fazê-las desenvolver seu potencial. Se utilizadas com crianças, as técnicas podem ajudá-las a compreender alguns de seus problemas, desafios e talentos.

Os índigos se desenvolvem melhor quando os pais estabelecem para elas claramente seus limites, mas sendo flexíveis para perceber e até mesmo encorajar sua expansão de acordo com seu desenvolvimento (e eles se desenvolvem muito rápido em termos emocionais e mentais). Ser firme e justo é absolutamente necessário ao se lidar com esse tipo de criança.

✳ ✳ ✳

Falemos então de algumas regras básicas para os pais quanto ao que se deve ou não fazer. Algumas das sugestões seguintes podem ser bastante comuns, afinal passamos a vida ouvindo várias delas até mesmo de nossos pais! Sabemos que muitas das regras mudaram em termos de educação de crianças, mas será que às vezes não acabamos repetindo para nossos filhos as mesmas frases de seus avós? E será que temos total consciência do tipo de energia que essas palavras e atos podem ter sobre essas novas crianças índigo?

A professora **Judith Spitler McKee** é psicóloga, especialista em desenvolvimento, consultora e doutora em educação. Já escreveu 12 livros sobre aprendizado, desenvolvimento, divertimento e criatividade infantil. Ministra palestras para pais, professores, bibliotecários, terapeutas e médicos.

✳ ✳ ✳

Como transmitir mensagens positivas e enriquecedoras às crianças
JUDITH SPITLER MCKEE

Toda criança exige cuidados, atenção, tempo, apoio e orientação dos adultos. A interação adulto-criança exige emoção, amor e muito estímulo intelectual. As mensagens verbais e não verbais transmitidas a ela devem ser sempre claras para que ela se sinta acolhida como se fosse um convidado de honra em nossa vida.

Muitas vezes, os sentimentos e as atitudes dos adultos fazem com que as crianças se sintam um peso na vida deles. E isso causa danos irreparáveis ao crescimento, ao aprendizado, à força de vontade e à criatividade, já que elas têm a nós como modelos. Podem acabar interpretando nossas mensagens como: sou uma criança má e ninguém gosta de mim. Isso gera medo, diminui sua capacidade de responder abertamente à vida e compromete seu desenvolvimento geral.

Já mensagens de amor e de aceitação são interpretadas como: sou uma boa criança. Meu mundo é bom e me faz bem. Isso desenvolve sua confiança e motivação para crescer, aprender e criar.

O DESENVOLVIMENTO DA CONFIANÇA OU DA DESCONFIANÇA

Crianças desenvolvem confiança a partir do momento em que sentem que suas necessidades emocionais, físicas, intelectuais e criativas são satisfeitas pelos adultos com quem convivem. As mensagens que recebem devem ser mais positivas do que negativas e transmitir mais amor do que medo. A confiança é que possibilita o estabelecimento de relações de respeito e igualdade entre adultos e crianças.

Apresentarei a seguir alguns exemplos de mensagens negativas e positivas. Podem ser adaptadas a contextos ou a idades diferentes, mas seu conteúdo é muito importante na interação e pode fazer toda a diferença para o relacionamento:

1. A criança corre para dentro de casa toda suja de barro e chorando. Quer ser abraçada e protegida dos problemas que enfrentou lá fora.

   Mensagem negativa: "Não me toque com essas mãos cheias de barro. Você está todo sujo. Vá se lavar!"

Mensagem positiva: "Você está sujando toda a minha roupa, mas o mais importante é saber o que aconteceu. Venha, vamos nos lavar e depois ir para o sofá para ler seu livro predileto, está bem?"

2. Seu filho se aproxima no momento em que você está atarefado ou preocupado.

   Mensagem negativa: você suspira e olha para cima enquanto ele se aproxima e pensa que lá vem mais trabalho ou problemas. Assume uma postura física defensiva, deixando os ombros eretos e lábios comprimidos e fechados como se fosse entrar em combate.

   Mensagem positiva: coloca a mão sobre o peito e pensa em todo o amor que podem dedicar um ao outro. Suaviza o olhar e deixa o corpo mais relaxado para receber a criança com todo o carinho.

3. A criança faz perguntas constantes ou pede para que sejam repetidas as instruções diversas vezes.

   Mensagem negativa: tom de voz irritado, agudo ou demonstrando desinteresse, transmitindo a impressão de que a criança não é bem-vinda e que está atrapalhando faz com que ela se sinta menos amada.

   Mensagem positiva: imaginar que a voz é um instrumento para educar e ensinar a criança. Respirar fundo duas ou três vezes para pensar e agir com mais clareza em momentos de estresse ou irritabilidade e tentar falar mais baixo e devagar.

4. A criança foge ao seu controle.

   Mensagem negativa: "Saia daí ou você vai acabar quebrando o pescoço como aquela menina na televisão" ou "nunca fale com estranhos. Há gente louca em toda parte. Telefone assim que chegar a casa". Pensar o tempo todo que o "pior" pode acontecer acaba gerando estresse e expectativa constante de perigo na criança, ativando hormônios que interferem no sistema imunológico, causando problemas e dores de ouvido ou dificuldade digestiva.

Mensagem positiva: "Já conversamos algumas vezes sobre segurança e sobre o fato de que você deve tomar cuidado com pessoas que não conhece. Tem alguma pergunta antes de sair para o *show* com seus amigos? Sei que você se cuida bem, é inteligente e segue sua intuição. Pode me telefonar a qualquer momento se tiver algum problema ou precisar conversar, está bem?" Descrever as ações que a criança pode ou não praticar a faz absorver melhor as orientações e desenvolver bons hábitos.

5. Você não pode cumprir algo que prometeu ao seu filho. **Mensagem negativa:** "Pare de reclamar. Não fomos ao parque e pronto. Você está fazendo tempestade em copo d'água. Ninguém me levava para passear quando eu era pequeno". Esse tipo de discurso não indica as razões para a quebra da promessa e ainda mostra à criança que os adultos não se importam com ela e que não são confiáveis. **Mensagem positiva:** "Peço desculpas. Estava tão ocupado com outras coisas que me esqueci completamente de levá-lo ao parque com seus primos. Você deve estar muito triste. Vamos conversar".

O USO DA VERGONHA OU DA CULPA

Adultos muitas vezes fazem com que as crianças se envergonhem ou se sintam culpadas porque é precisamente isso que recordam de sua própria infância. As técnicas aparentemente funcionam, porque a criança reage imediatamente, especialmente na presença de estranhos, mas causam danos irreparáveis no desenvolvimento da personalidade das crianças! Vergonha e culpa diminuem a capacidade de expressão individual, a curiosidade, a motivação para a brincadeira e a criatividade, além de fazerem com que a criança deixe de ser aberta e honesta com as pessoas. Em vez de culpa ou vergonha, podemos idealizar um modelo de comportamento que seja mais apropriado à criança: explicar a situação, as prováveis conseqüências e oferecer apoio e opções para ela.

As situações seguintes ilustram quais outros métodos podem ser utilizados, sem envolver culpa ou vergonha.

1. Sua filha pequena ou deficiente não controla seus impulsos fisiológicos.

   Reação negativa: "Que vergonha! Como é que você foi fazer uma coisa dessas (urinar nas calças ou na cama da avó)? Só pode ter sido de propósito. Agora você vai limpar essa sujeira sozinha e nunca mais faça isso. Que vergonha estou passando por sua causa!"

   Reação positiva: "Ih, você molhou as calças, mas foi sem querer. Está tudo bem. Vamos trocar essa roupa". Será muito boa a leitura juntamente com a criança de algo do tipo *Everyone Poops* (Todo mundo faz cocô), de Taro Gomi(11), que ajudará a entender essas situações constrangedoras e a rir delas.

2. Seu filho está demorando muito para fazer a refeição ou se recusa a comer determinados alimentos.

   Reação negativa: "Coma logo! Você está me irritando com esta demora. E coma todas as ervilhas e todas as almôndegas ou vai ter de ficar sentado aí o resto do dia sozinho. Quando eu voltar quero ver esse prato vazio. Se não comer tudo vai ficar doente!"

Reação positiva: "Faça como eu. Vou comer esta colher bem cheia de arroz e feijão. Agora é sua vez. Experimente. Será que o seu ursinho também quer?" Leia também com a criança: *This Is The Way We Eat Our Lunch* (É assim que se come bem)(12) ou *Everybody Cooks Rice* (Receitas de arroz)(13).

3. Seu filho se recusa a comer determinados alimentos por não gostar ou por ter alergia a alguns deles, por estar doente, por medo de engordar e deixar de ser amado ou para querer imitar o comportamento ou dietas de adultos.

Reação negativa: "Não vou ficar aqui o dia inteiro esperando você procurar essa comida sem calorias para não engordar. Todo mundo já está olhando para nós. Você está agindo como uma criança".

Reação positiva: "Que tal planejarmos uma lista de pratos de que nós dois gostemos? Veja, aqui há alguns de que eu gosto bastante. Encontrei um artigo muito interessante sobre os nutrientes de que o corpo necessita e em quais alimentos se encontram. Quer ver?"

4. Seu filho tem medo irracional ou obsessivo de algum tipo de situação, animal ou pessoa.

Reação negativa: "Ora, é só um poemazinho de sete versos que você terá de dizer na festa da escola! Outras crianças menores têm partes maiores do que a sua! Você se porta como um bebê! Vá para o seu quarto, estude e não dê vexame".

Reação positiva: "Qual é o poema que você tem de declamar? Aposto que o professor o escolheu para isso porque sabe que você fará direitinho. Você quer praticar sozinho ou quer ajuda?"

5. A criança parece querer desafiar todas as regras e a autoridade dos adultos e o irrita com isso. Na escola, mente, cola nas provas ou não é honesto durante os jogos.

Reação negativa: "Você é um mentiroso! Veja em que situação me colocou mentindo para o professor (colando nas provas ou faltando às aulas). Um dia ainda vai precisar de nossa ajuda e não terá. Vai ficar de castigo durante um mês! Não adianta tentar falar comigo porque não merece atenção. Sem desculpas. Já para o seu quarto!"

Reação positiva: "Estou muito chateado por saber que você mentiu. Ouvi seu professor, agora queria ouvir o que você tem a dizer. O que aconteceu e o que você sentiu? Vamos conversar para ver o que podemos fazer para resolver isso. Quero poder confiar sempre em você, em todas as situações e também quero que me ajude agora".

ROTULAÇÃO E APELIDOS

Uma forma de diferenciar uma criança das outras é criar apelidos ou nomes diferentes. Mas infelizmente os estereótipos culturais acabam afetando a auto-estima e a independência das crianças, impedindo que diversos talentos e dons se expressem(14).

Como crianças normalmente não conseguem separar sua personalidade de seu comportamento ou de rótulos associados a esse comportamento, isso pode afetá-las. Até mesmo apelidos amigáveis ou rótulos aparentemente positivos podem ser prejudiciais ao desenvolvimento e à aprendizagem de uma criança. Rótulos podem agir como a geada sobre uma planta em flor. É possível que certas capacidades e interesses, por isso, não sejam vividos no processo de crescimento, e os talentos naturais podem definhar, se não forem incentivados ou não tiverem espaço para se desenvolver. Tente fazer como um naturalista isento que observa e espera para ver de que forma se expressa o temperamento inato das crianças.

Procure observar e incentivar as atitudes e os interesses da criança. Dê a ela oportunidade de ter contato com os mais variados tipos de lugares, pessoas e idéias. Isso permitirá a ela e também a você conviver em um ambiente saudável de aceitação e de igualdade. Seguem algumas sugestões para evitar a rotulação:

1. A criança pode, inconscientemente, fazê-lo lembrar-se de algumas características suas que o desagradam.
   Reação negativa: "Ela é uma menina tão bagunceira! Seu quarto parece um chiqueiro. O meu também fica desarrumado quando estou sem tempo, mas tenho muito trabalho com ela para manter suas coisas em ordem. Só obedece depois de muita briga."
   Ou:"Deixe de ser tão egoísta. Ninguém agüenta quando você decide agir como se fosse a pessoa mais importante do mundo. Respeite-me quando estivermos em público".
   Reação positiva: "Sei que somos parecidos em muitas coisas e diferentes em outras. Você é muito criativa e está sempre fazendo várias coisas ao mesmo tempo. Temos de conviver com a bagunça um do outro, já que não gostamos de arrumar a casa ou de nos livrarmos de coisas velhas".

2. Devido a assuntos não resolvidos com outros membros da família, o comportamento da criança acaba não sendo bem aceito.
   Reação negativa: "É uma criança difícil, exatamente como meu irmão, a ovelha negra da família. Os dois são teimosos como mulas e só fazem o que querem. Posso repetir as coisas centenas de vezes, mas ele não presta a menor atenção quando está lendo ou usando o computador. Os dois me tiram do sério".

Reação positiva: "Jared é parecido com meu irmão mais novo. Os dois demonstram intensamente quando gostam ou não de alguma coisa. Conseguem ficar durante horas concentrados em algo que lhes chame a atenção e não gostam de ser interrompidos".

Ou: "Jared, sei que você não gosta de interrupções quando está fazendo alguma coisa, mas precisamos sair em dez minutos. Sei que você está me ouvindo e já deixei o alarme do rádio-relógio programado para daqui a cinco minutos para você não se esquecer."

3. Enquadrar a criança em um único modelo faz com que ela aceite passivamente a condição ou que se rebele totalmente. Mesmo uma rotulação positiva ou elogios muito freqüentes podem causar uma sensação de inferioridade e fazer com que sintam que não podem cometer erros ou explorar novas possibilidades.

Reação negativa: "Michael pode se considerar desde já um erudito. Desde pequeno já estava muito à frente das outras crianças. Até mesmo sua dentição começou a surgir antes do tempo. Os avós começaram a economizar para pagar sua escola e universidade no segundo dia de nascimento. Ele prefere estudar a estar com as pessoas. Ainda será motivo de grande orgulho para nós".

Reação positiva: "Michael, sempre tivemos muito orgulho de você por diversos motivos. Você sempre se dedicou muito aos estudos. Mas que tal fazer algo diferente e que não esteja relacionado à escola? Por que não tocar um instrumento como sua prima Carol? Ou ajudar seu tio Brian em seu trabalho voluntário? Você se divertiria e faria um bom trabalho, com certeza. O que acha?"

4. Deve-se evitar fazer com que a criança se sinta unidimensional, confinada a uma área exclusiva ou limitada a um único tipo de desenvolvimento ou de personalidade. Compará-la a outros membros da família e esperar que tenham comportamento ou desempenho similar também é negativo.

Reação negativa: "Sempre quis ter um filho que se relacionasse bem com as pessoas e aí está ela, minha menina. É a popularidade em pessoa e se sai bem em todo tipo de situação". Ou: "Meus filhos só pensam em praticar esportes e em condicionamento físico! Passam tanto tempo na academia que podem começar a pensar em se tornar professores de ginástica. Já meu filho adotivo adora matemática. Nós o chamamos de Doutor Matemática, pois é muito sério e tem pensamento lógico. Com certeza terá muito sucesso porque se esforça em tudo o que faz e nunca desiste".

Reação positiva: "Meus filhos são diferentes uns dos outros. Cada um tem suas características positivas. Seria fácil rotular todos eles de acordo com seus pontos fortes, mas não permito que façam isso, pois limitaria sua capacidade. Quero que descubram várias áreas de interesse enquanto crescem e irei ajudar no que puder para que encontrem seu próprio caminho".

No caso seguinte, uma adulta fala de sua história de vida e agradece a todos os que a ajudaram a descobrir suas características e talentos. Trata-se de uma técnica animadora e acolhedora, que pode revelar-se eficaz e libertadora por estimular as crianças a pôr à prova seus talentos potenciais e a explorar múltiplas possibilidades neste mundo em permanente mudança. Ter a noção, profundamente, de que há uma pessoa que acredita em nós e nunca deixará de nos amar transmite-nos uma poderosa mensagem: que a vida é uma grande jornada e uma experiência para ser vivida e dividida com as outras pessoas.

Sei que você está se esforçando tanto em casa quanto na escola para descobrir quem realmente é. Eu também passei por uma fase parecida quando tinha a sua idade e sei que acabamos nos comparando a todas as pessoas e nos achando diferentes delas. Mas quero que você saiba que acredito em você e que ofereço meu apoio na busca de seus ideais. Agradeço à minha mãe por ter me amado tanto e me permitido ser quem eu sou, explorando todas as possibilidades. Ela jamais nos rotulava ou restringia e eu sabia que podia contar com seu apoio em qualquer área ou carreira que decidisse seguir. Seu amor sempre foi e sempre será um guia e uma luz em minha vida.

BRINCAR COM A CRIANÇA CONSTRÓI, RECONSTRÓI E RESOLVE PROBLEMAS DE RELACIONAMENTO

Confiar em nós mesmos e nas pessoas é a base para um relacionamento saudável. Crianças criadas em um ambiente sólido e seguro estabelecem ligações e intimidades com os outros. Querem se comunicar, colaborar e exercer sua criatividade junto com outras crianças e com os adultos. Isso se traduz em esperança, fé no futuro imediato e crença de que tudo irá funcionar e dar certo(15).

Quando essa confiança é ameaçada, temos de reconstruir honesta e sistematicamente o relacionamento. Crianças que se sentem envergonhadas ou culpadas por sua espontaneidade precisam ser tratadas para recuperar sua confiança na vida. E se houve troca de ofensas ou qualquer tipo de rotulação é necessário que as partes se perdoem.

Felizmente, existem saídas para a reconstrução natural de relacionamentos, como o desfrutar da mãe natureza, das artes, da literatura, das brincadeiras e do riso. A brincadeira está associada ao crescimento e a um contexto livre de ameaças e permite a interação de todos os tipos de pessoas, de todas as idades(16). O divertimento e o riso resultantes da brincadeira permitem diversas oportunidades de conexão e de criatividade. Brincar com as crianças faz com que nos alegremos e fiquemos felizes por dividir com elas a nossa existência.

Todas as seguintes sugestões de atividades proporcionam uma atmosfera equilibrada e livre de competição entre os participantes[1].

1. **Recém-nascidos e crianças pequenas (até os três anos):**
   - compre uma cadeira de balanço e coloque sobre ela travesseiros e bichos de pelúcia para se aninhar com a criança.
   - brinque de esconde-esconde pela casa e envolva os bichinhos de pelúcia e o resto da família na brincadeira.
   - coloque brinquedos aquáticos (ou funis, coadores e canecas de plástico) em uma banheira ou bacia grande. Adicionar corante alimentício à água dá um efeito diferente e torna a brincadeira ainda mais interessante.
   - leia para as crianças livros como *Boa noite, lua*(17), *Jamberry*(18), *Barnyard Dance* (Dançando no quintal)(19), revistas infantis *I Love My Mommy Because...* (Adoro minha mãe porque...)(20) e *I Love My Daddy Because..* (Adoro meu pai porque...)(21).

2. **De três a seis anos:**
   - brinque e encene trechos de contos clássicos como *The Three Little Kittens* (Os três gatinhos), *Goldilocks and The Three Bears* (Cachinhos dourados e os três ursinhos) ou de alguma história de que elas gostem. Convide-as a participar da encenação ou da brincadeira, mas não as force se não quiserem.
   - cante músicas infantis antigas como "Old MacDonald" (Velho MacDonald), "If You´re Happy"(Se você é feliz).

---

1. Tais sugestões de atividade terão de sofrer adaptações ao universo cultural específico das crianças no Brasil, o que pode requerer a participação de pais, professores e a consulta a livros especializados e atualizados para um trabalho sério. (N.E.)

- convide as crianças a fazer um círculo, a dar as mãos e a andar ou saltar enquanto cantam.
- invente uma dança de animais como o "salto do lagarto", o "salto da rã" ou o "salto do canguru".
- brinque com areia molhada ou massa de modelar.
- leia livros como *A história de Pedrito Coelho* (22), *The Lady with the Aligator Purse* (A bolsa de crocodilo) (23), *The Temper Tantrum Book* (As crianças e seus ataques de nervos) (24) ou *The Little Engine That Could* (A pequena máquina) (25).
- ouça CDs ou fitas de áudio de histórias como *Baby Beluga* (26), de Raffi, *A Twinkle in Your Eye* (Um brilho no seu olhar) (27) de Burl Ives ou *Winnie the Pooh* (28) de Charles Kuralt.

3. **Sete a 11 anos:**
- brinque com jogos de montar do tipo Lego™.
- assista a vídeos como *National Geografic*.
- livros de adivinhações e de brincadeiras do tipo "*knockknock*" (29) ou de autores famosos como Joseph Rosenbloom (30), Katy Hall e Lisa Eisenberg (31).
- leia e encene partes de livros do tipo *The Berenstain Bears and The Messy Room* (Os ursos Berenstain e o quarto desarrumado) (32), *The Berenstain Bears and Too Much TV* (Os ursos Berenstain e o excesso de TV) (33), *The Berenstain Bears and Too Much Junk Food* (Os ursos Berenstain e os sanduíches) (34).
- leia com eles *A teia de Charlotte* (35) ou ouça o audiocassete de E. B. White (36) ou *Treasure for Children* (Os tesouros infantis) (37), baseado na vida do veterinário inglês, ou *Crianças como você* (38), *Fathers, Mothers, Sisters, Brothers: A Collection of Family Poems* (Pais, mães, irmãs, irmãos: poemas de família) (39), ou *O mágico de Oz* (40) e seu vídeo.

- assista à série *The Wishbone* (Wishbone, o cão), aos vídeos *ET, o Extraterrestre*; *Babe, o porquinho* ou *De volta para casa*.
- ouça os audiocassetes de *Ramona Forever* (Ramona para sempre)(41), lida por Stockard Channing ou *The Story of Dr. Doolittle*(A história do doutor Doolittle)(42), lida por Alan Bennett.

4. 12 anos para cima:
- leve as crianças para passear com animais ou a locais onde possam alimentá-las ao ar livre.
- jogue bola com elas.
- calce sapatos de pares diferentes ou finja que esqueceu alguma coisa para elas perceberem.
- encene situações de humor, raiva e de diferentes emoções com elas.
- jogue "Paciência" ou outros jogos com elas no computador.
- leia para elas os quadrinhos do jornal.
- leia ou brinque com jogos de palavras e trava-língua do tipo *Walking the Bridge of Your Nose*(43).
- leia histórias que envolvam duplo sentido ou sutilezas que elas possam captar. Sugestões: *Lives of the Athletes* (Vida de atleta), *Lives of the Artists* (Vida de artista), *Lives of the Musicians* (Vida de músico), *Lives of the Writers (And What the Neighbors Thought)* (Vida de escritor – e o que os vizinhos pensavam)(44).
- leia e ouça-as ler biografias de pessoas famosas ou que elas admirem.
- assista com elas aos vídeos *Apollo 13*; *Shiloh, the Amazing Panda Adventure* (As aventuras de Shiloh, o urso panda) e *To Kill a Mockingbird* (Para matar um pássaro que imitava os outros).

- ouça com elas o audiocassete *A Wrinkle in Time* (Viagem no tempo) (45), lida por Madeleine L'Engle.

A SINCERIDADE DA CRIANÇA ÍNDIGO

O dalai-lama estava falando para um grupo de pessoas quando alguém disse que uma criança com câncer queria falar com ele. O dalai-lama pediu, então, que ela subisse ao palco em que ele estava e, com o sorriso iluminado de sempre, pediu a ela que dissesse aos presentes tudo o que lhe viesse à mente. A criança virou-se imediatamente para a platéia e disse: "Tenho câncer, mas não deixei de ser criança. Quero que as pessoas saibam que preciso brincar, rir e me divertir. Quando entenderem minhas necessidades, aí sim podem se preocupar com meu corpo".

É uma história simples, mas de um significado muito profundo, especialmente para as crianças índigo. Sim, elas são diferentes, são almas antigas, têm uma missão especial neste mundo e talentos inigualáveis, *mas são crianças em primeiro lugar*. Não podemos nos esquecer disso, se quisermos ajudá-las a se desenvolver como as pessoas especiais que são.

✳ ✳ ✳

Crianças índigo são diferentes e especiais e por isso precisam de técnicas específicas de disciplina. Seguem algumas sugestões de **Robert Gerard.**

✳ ✳ ✳

Crianças índigo e disciplina
ROBERT GERARD

Disciplina é algo vital para as crianças índigo. Como são extremamente criativas e estão sempre alertas, tendem a explorar e a experimentar tudo no ambiente ao seu redor. Contudo, precisam sentir apoio e orientação dos adultos, saber até onde podem ir e quais as experiências potencialmente negativas para sua missão. É muito comum vermos pais dizerem aos filhos o que devem e o que não devem fazer. Isso diminui e até impede o desenvolvimento da capacidade criativa e de expressão das crianças. Elas normalmente contestam essas ordens e acabam se tornando defensivas e irritantes.

Uso o termo *disciplina do amor* para explicar como determinadas ações disciplinares podem contribuir para os interesses espirituais dessas crianças. Os princípios da *disciplina do amor* são:

1. mantenha a criança informada e envolvida em tudo o que acontece;

2. evite possíveis dúvidas por meio de explicações simples;

3. evite reações explosivas;

4. não dê ordens diretas à criança;

5. mantenha sempre a palavra dada;

6. lide com as situações no momento em que surgem;

7. jamais agrida a criança verbal ou fisicamente;

8. demonstre o amor que sente por ela;

9. se tiver de chamá-la à atenção faça-o, mas trate-a com respeito;

10. converse com ela depois, explique e peça explicações;

11. certifique-se mais tarde de que ela aprendeu ou resolveu a questão e que não há mágoas entre vocês.

A boa notícia é que, se você agir sempre dessa maneira, a criança índigo irá respeitá-lo por sua sabedoria e por permitir a ela que dê vazão a toda à sua energia! Minha filha Samara tem liberdade e pode exercer à vontade sua criatividade, mas observo constantemente suas atitudes e comportamento. Posso parecer um pai muito rígido às vezes, mas ela conhece bem os meus limites e minha flexibilidade e me agradece todas as vezes que interfiro em suas ações para discipliná-la.

Alguns pais exageram e se tornam rígidos ou flexíveis demais. No fundo, sentem-se abandonados e não amados pelos filhos. Muitos começam a ser condescendentes em excesso, imaginando que assim obterão o carinho e a atenção deles. Mas quando a criança percebe que pode controlar os pais, assume totalmente o controle, principalmente uma criança índigo. Isso torna o relacionamento ainda mais complicado, pois a criança passa a desempenhar o papel de líder e deixa de viver o momento presente e sua infância.

Pais de crianças índigo precisam estar conscientes de seu relacionamento com os filhos. Uma vidente me disse algo, certa vez, que acho importante mencionar: "Robert, sua filha precisa de orientação, de amor e de disciplina, não de pais. Ela tem consciência de seu propósito e missão neste planeta. Seja um guia para ela". Esse conselho tem me ajudado muito.

※ ※ ※

Criança índigo e educação

Tínhamos de memorizar e de nos lembrar de tudo, gostássemos ou não. Esse tipo de coerção tinha um efeito tão negativo que, após ter passado nas provas finais e ser aprovado, recusei-me a pensar em qualquer coisa que se referisse a problemas científicos por mais de um ano... É um milagre que os métodos atuais de ensino não tenham destruído nos alunos o espírito de pesquisa, pois essa delicada planta necessita, além de estímulo, de total liberdade. Sem ela, está condenada a extinguir-se. É um grande engano pensar que o prazer da busca e da pesquisa pode ser estimulado pela coerção ou pela sua imposição como uma obrigação.

ALBERT EINSTEIN

Mas o que se pode dizer sobre a educação? Em poucas palavras: que necessita de modificações para que possa se adequar às crianças índigo. Hoje, a maioria dos professores se sente frustrada porque o sistema não leva em consideração as necessidades específicas dos índigos. Algumas mudanças devem acontecer quando as autoridades perceberem que as notas e os resultados de testes e exames estão cada vez mais baixos, não porque as habilidades mentais das crianças estejam se desenvolvendo de maneira imprópria, mas porque elas não se submetem a eles com a passividade das gerações anteriores. Isso fará com que os psicólogos e responsáveis pelo planejamento e pela metodologia educacionais se questionem sobre se o conceito de ensino e de formação se ajustam aos testes que são aplicados(talvez a questão mais importante de todas).

Apresentamos a seguir uma série de discussões de educadores preocupados com o problema, informações sobre métodos alternativos de ensino que têm sido eficazes para crianças índigo e também para crianças com problemas.

Esperamos que essas informações o ajudem e lhe dêem esperanças. Afinal, não podemos simplesmente entregar nossos filhos ao sistema de ensino atual e deixar que tudo continue da mesma maneira. Já existem algumas soluções e o esforço vale a pena!

Robert P. Ocker é conselheiro educacional de uma escola de Mondovi, no Wisconsin, Estados Unidos. Acredita nas mudanças e as aplica em seu trabalho de aconselhamento aos jovens. Ministra palestras para público de todas as idades. Ajuda os alunos a descobrir soluções para seus problemas, conflitos, a desenvolver responsabilidade e a crescer como seres humanos. Foi indicado pela Wisconsin School Counselors Association (Associação de Conselheiros das Escolas de Wisconsin) como referência em termos de líderes para o futuro da educação. Robert confia em sua experiência e está preparado para as novas gerações.

✳ ✳ ✳

Educação e amor: uma perspectiva educacional para os novos pioneiros
ROBERT P. OCKER

Estamos atingindo um momento crucial de mudanças de paradigmas em termos de educação infantil. A maior parte das pessoas concorda que a questão de como educar e criar as crianças é uma das mais significativas preocupações no mundo de hoje. A educação exige uma nova visão para as crianças do século vinte e um: que ela transmita esperança e inspiração. Esta nova maneira de ver a educação parte dos sonhos das próprias crianças. Para estabelecer um estilo de pedagogia que sirva às necessidades da humanidade do novo milênio, é preciso compreender profundamente diversos aspectos da vida humana, principalmente das crianças que estão vindo ao mundo neste momento. É um esforço necessário e nosso futuro depende disso.

Os educadores têm de admitir que, do mesmo modo que exigimos a transformação da atual estrutura social, é necessária, também, uma modificação educacional. E essa mudança depende de todos nós. É preciso observar a natureza humana sob um ângulo diferente para estabelecer um sistema de ensino eficaz. Temos de ser capazes de dar a nossos filhos e alunos o dom da disciplina interior e da paz.

Devemos observar com mais atenção o comportamento e a essência de nossas crianças durante seu crescimento para permitir que se desenvolvam como seres humanos completos. Elas podem e devem escolher por si mesmas a melhor maneira de fazer isso.

Os educadores do século vinte e um devem aprender a guiar e a orientar seus alunos para que obtenham equilíbrio, disciplina, responsabilidade e consciência.

Portanto, precisamos nos tornar pioneiros do paradigma, revisando e reconsiderando nossos próprios conceitos com relação ao propósito, sentido e função da educação. Devemos ensinar as crianças *como* pensar e não *o que* pensar. Nosso papel não é transmitir conhecimento, mas sim sabedoria, que é a aplicação prática do conteúdo absorvido. Ao oferecer conhecimento às crianças, estamos dizendo a elas o que pensar, o que saber e em que devem acreditar.

Mas quando damos a elas sabedoria, não indicamos o que devem saber, mas sim como chegar à sua própria verdade. É claro que não há como ignorar o conhecimento ao se ensinar a sabedoria, pois sem ele não se pode chegar a lugar algum. Ele deve ser transmitido de uma geração para a outra, mas devemos deixar que as crianças o descubram por si mesmas! O conhecimento se perde; a sabedoria jamais.

Vejo um sistema educacional baseado no desenvolvimento de habilidades em vez da memória. As crianças são nossos guias e precisam de liberdade para descobrir e criar sua própria verdade. O pensamento crítico, a solução de problemas, a imaginação, a honestidade e a responsabilidade serão a base da educação das crianças do século vinte e um.

Minha visão de futuro quanto à educação baseia-se no amor incondicional. Ele é a essência do novo ser humano. Nós, educadores, temos de nos unir de corpo e alma para fazer das crianças de hoje os adultos de amanhã. Uma educação mais realista e verdadeira envolve o desenvolvimento do corpo, da alma e do espírito para que este seja livre e independente e que viva de maneira completa. Prestaremos um grande serviço à humanidade se nos tornarmos os pioneiros da nova era. O sistema educacional deve ser revisto para o bem da humanidade. Se unirmos educação e amor, as crianças serão beneficiadas e todos teremos um futuro melhor.

✕ ✕ ✕

Incluiremos outros textos de Robert P. Ocker mais adiante. Ainda sobre o assunto, não poderíamos deixar de incluir o de **Cathy Patterson**, profissional da área de educação especial no Canadá. Assim como Debra Hegerle e Robert Ocker, Cathy tem contato diário com crianças, além de supervisionar programas especiais para aquelas com problemas.

✕ ✕ ✕

Estratégias para orientar a criança índigo
CATHY PATTERSON

Sou professora da área de educação especial e trabalho em um programa do sistema educacional voltado para alunos com sérios desvios de comportamento. Como você deve imaginar, já trabalhei com várias crianças que sofrem de déficit de atenção e com distúrbios emocionais, orientando também seus pais e professores.

Acompanhei diversos casos de crianças diagnosticadas como portadoras de DDA ou TDAH, que puderam deixar a medicação a partir do momento em que suas necessidades emocionais passaram a ser satisfeitas na escola e em casa. A maioria delas respondeu muito bem a algumas estratégias utilizadas e isso indica, segundo meu ponto de vista, que o diagnóstico de TDAH nesses casos não foi tão preciso.

É claro que existem crianças com esse tipo de distúrbio, cujas causas são devidas a desequilíbrios neurológicos ou mesmo a problemas cerebrais, e que, por isso, necessitam realmente de medicação. Muitas delas podem não ser crianças índigo e respondem de maneira mais favorável a remédios do que a técnicas de intervenção de comportamento, pelo fato de terem pouco ou nenhum controle sobre seus impulsos.

Apresentarei a seguir algumas mudanças e problemas que pude observar na energia do atual sistema educacional e que afetam as crianças com distúrbios emocionais, principalmente as índigos, e também algumas sugestões para pais e professores que desejam oferecer orientação e apoio às crianças que tanto necessitam disso para se desenvolver adequadamente.

O sistema antigo de ensino que prevalece nas escolas baseia-se no princípio de que as crianças são como recipientes vazios, prontos para receber os conhecimentos dos professores. O sistema tradicional prevê que elas deverão se inserir na sociedade e, para isso, pensa que contribuir para seu desenvolvimento é ensinar-lhes tudo o que seja necessário para que obtenham um emprego. Avaliam suas habilidades e autoestima com base na qualidade de produção de sua escrita. Para isso, o professor usa técnicas que comparam e expõem os alunos, pois acreditam que dessa maneira irão motivá-los a melhorar e a aumentar suas habilidades de escrita. Dentro desse ambiente, qualquer criança que não se conforme passivamente às regras é considerada uma criança com problemas.

Por sorte, muitos educadores de hoje utilizam técnicas e estratégias voltadas para o aluno, como auto-avaliação, planos individuais de carreira, grupos de estudo e de conferências. Por exemplo, professores do nível elementar (ensino fundamental) na Colúmbia Britânica não utilizam mais a tradicional nota de reprovação, e sim a sigla "IP", que significa "*In Progress*" ou "ainda em progresso" ou seja, ainda não atingiu plenamente seus objetivos. E desenvolvem um plano de ação para as crianças que têm essa nota.

Alguns educadores adotaram programas em que as crianças podem desenvolver suas habilidades de liderança utilizando técnicas de mediação e de aconselhamento, eliminando inclusive os tipos mais comuns de intimidação. Os pais também passaram a participar mais ativamente, por meio de comitês, na geração de fundos e promoção de atividades diversas. Alguns deles auxiliam nas aulas do nível elementar.

Outro dos vestígios do sistema antigo que ainda se pode observar está relacionado aos métodos disciplinares. Infelizmente, muitas crianças ainda são expulsas da sala de aula ou mesmo levadas à sala do diretor para ouvir um verdadeiro sermão sobre comportamento quando se recusam a obedecer aos professores. Algumas delas são até mesmo impedidas de freqüentar as aulas ou mandadas de volta para casa. O problema desse sistema é que as crianças aprendem a satisfazer sua necessidade de atenção e de reconhecimento de maneira negativa. Acabam percebendo que recebem mais atenção quando são expulsas da sala de aula. Comentários, risos e olhares de professores e das outras crianças, além do fato de serem conhecidas por todos, proporcionam-lhes o tipo de reconhecimento de que necessitam, especialmente se lhes chamam a atenção com freqüência.

Desde o momento em que nascem, as crianças índigo desejam ser reconhecidas e populares. Se essa tendência não for controlada, elas correm o risco de ter suas necessidades satisfeitas à custa de sua educação. Percebem rapidamente que têm o poder de fazer os adultos gritarem e perderem o controle sem fazer muito esforço. Sentem-se, então, como se fossem membros da realeza. Além disso, ser expulsos da escola é, para eles, como uma recompensa, já que não têm mais de estudar e podem ficar assistindo à televisão ou jogando videogames.

Os pais ficariam horrorizados se soubessem o tempo que as crianças ficam fora da sala de aula na escola. Elas podem até passar por atendimento psicológico, mas divertem-se chamando a atenção dos colegas cada vez que são expulsos.

Muitos desses alunos chegam ao colegial com deficiências de conteúdo, pois passam muito tempo sem aulas. Alguns mudam várias vezes de família quando são adotadas, o que também prejudica muito seu rendimento escolar. Já vi diversos casos de crianças da sétima série que ainda não conseguiam ler!

Mas a estrutura de ensino está aos poucos se modificando, inclusive pela influência dos pais. Na minha opinião, é preciso que as escolas façam relatórios sobre disciplina e desempenho e que avaliem se as necessidades de seus alunos estão sendo plenamente satisfeitas. Participo de um comitê que estuda estratégias alternativas e sistemas de apoio aos alunos. Não compactuamos mais com o sistema tradicional em que crianças que não se sentam e estudam quietas o tempo todo são consideradas estranhas ou problemáticas e precisam de escolas especiais ou de tratamento.

A ESCOLA SATISFAZ AS NECESSIDADES DE SEU FILHO?

Crianças precisam de segurança, atenção, respeito, dignidade de um ambiente equilibrado para viver bem. As perguntas seguintes podem ajudar os pais a perceber se essas necessidades estão sendo satisfeitas pela escola. Incluí também algumas sugestões.

1. Qual é o sistema de disciplina da escola? As crianças são expulsas da sala de aula ou enviadas para casa quando agem de maneira inadequada? Caso isso ocorra, sugira alternativas diferentes para resolver o problema.

2. Como é o ambiente em sala de aula? Os trabalhos das crianças são expostos ou colocados na parede à vista de todos? Os professores tratam os alunos com respeito? Fazem elogios quando percebem que desempenharam bem suas tarefas?

3. Há estratégias para o desenvolvimento de responsabilidade (como alunos que ajudam os professores), projetos especiais, listas com os nomes dos que mais se destacam em locais visíveis e tarefas em grupo?

4. Os alunos participam dos processos de tomada de decisão? Organizam conferências, têm seu próprio conselho ou reuniões para discussão? Ajudam a estabelecer as regras em sala de aula?

5. Como é a estrutura das aulas? As crianças sabem quais são suas responsabilidades e quais as expectativas dos professores?

6. Os professores dividem as tarefas em partes equilibradas ou sobrecarregam os alunos? Crianças com problemas de atenção precisam ser orientadas aos poucos e de preferência com apoio visual, como quadros ou tabelas com pontos ou estrelas indicando quanto tempo têm para cada tarefa. Quando acumulam um determinado número de pontos ou de estrelas podem descansar ou se dedicar a outros projetos de sua escolha.

7. As crianças sabem quais os objetivos de suas tarefas? Se perguntam o motivo de estarem fazendo alguma coisa, o professor explica ou simplesmente diz quais são as conseqüências caso não façam?

8. Os alunos têm intervalos regulares para descansar ou ficam o tempo todo sentados estudando em suas carteiras?

9. O material utilizado é adequado e interessante? Os alunos têm oportunidade de pesquisar informações de outras fontes para aprender sobre o conteúdo?

10. Se alguns alunos têm dificuldades para entender o material, o professor adapta ou modifica a maneira de apresentá-lo para que todos o entendam e possam acompanhar as atividades?

11. As expectativas dos professores são claras para os alunos? As regras em sala de aula e as conseqüências para quem não as segue são preestabelecidas e sempre seguidas ou variam de acordo com a disposição dos professores?

12. A metodologia e a estrutura das aulas variam constante-mente? Os alunos são avisados com antecedência sobre quais tipos de tarefas terão de desempenhar nas aulas seguintes?

13. Crianças que não prestam atenção às aulas são colocadas em outra carteira, longe daquilo que as faz se distrair, como alguns colegas, portas ou janelas? E continuam a participar normal-mente da aula ou se sentem constrangidas e deslocadas?

14. Existe algum tipo de estrutura ou de supervisão especial para as crianças que não se comportam bem ou elas são simples-mente expulsas da sala de aula e ficam nos corredores?

15. Os professores se preocupam somente com os problemas ou também elogiam e incentivam o bom comportamento?

16. Crianças indisciplinadas são simplesmente rotuladas como "ruins" ou existe na escola algum tipo de estrutura que as oriente quanto às "más escolhas" que fazem? Algumas perguntas que podem ajudar: "Você acha que fez uma boa escolha/tomou a atitude correta? Que outra escolha poderia ter feito? Qual seria a melhor opção?"

17. Os professores sabem separar disciplina e emoção? Evitam gritar ou repreender em excesso as crianças para não desenvolver nelas a necessidade de atenção por meio de comportamentos negativos?

18. Há algum tipo de indicativo do desempenho e desenvolvimento das crianças com gráficos ou tabelas afixados nas paredes da sala de aula?

19. Os professores indicam maneiras alternativas de as crianças lidarem com conflitos e dificuldades, como estratégias de autoavaliação?

20. Os alunos são recompensados quando apresentam bom desempenho? Há algum tipo de pontuação ou de privilégio para os que se destacam? Se não há, sugira que seja criado algum sistema desse tipo.

21. Existe algum tipo de relatório ou sistema de comunicação freqüente com o professor que lhe permita saber qual é o desempenho de seu filho na escola e em quais aspectos ele mais se destaca? Se existir, consulte-o freqüentemente e converse com a criança de maneira positiva sobre o assunto.

22. Qual sua opinião sobre a educação em geral? Considera-a importante? Concorda com o sistema adotado pela escola? Há algo que o desagrade com relação aos professores? Costuma criticá-los na presença de seu filho?

SEU LAR SATISFAZ AS NECESSIDADES DE SEU FILHO?

As perguntas que seguem podem ajudá-lo a identificar se o ambiente em sua casa é benéfico para a criança e se a está ajudando a desenvolver suas habilidades.

1. Você sente que as opiniões de seu filho são levadas em consideração e que pode aprender com elas ou você acaba sempre tendo de ensinar-lhe tudo?

2. Costuma ouvir o que ele tem a dizer e se diverte junto com ele? Permite que sua criança interior se manifeste quando brincam?

3. Respeita a privacidade e o espaço dele?

4. Costuma explicar o motivo de algumas decisões que precisa tomar?

5. Reconhece suas qualidades e faz três elogios para cada crítica?

6. Costuma admitir quando erra e se desculpar?

7. Ensina a criança a respeitar e a ter compaixão pelas pessoas?

8. Explica a ela sobre o mundo e a natureza, como a necessidade da chuva, por exemplo? Presta atenção e tenta entender suas

opiniões sobre as coisas? Comece a ouvi-la, mesmo quando ela estiver falando sobre algo que você já saiba.

9. Você incentiva seu filho ou simplesmente lhe diz que jamais conseguirá realizar determinadas tarefas?

10. Costuma fazer por ele as coisas que ele mesmo poderia fazer?

11. Delega a ele responsabilidades dentro de casa e lhe dá dicas de como desempenhá-las?

12. Corrige seu filho o tempo todo? Se perceber que está agindo assim, comece a corrigi-lo apenas nos aspectos mais importantes. Um exemplo: ele precisa mesmo manter uma postura ereta o tempo todo? Não o sobrecarregue com reprimendas por razões simples demais.

13. Costuma elogiar seu filho quando se comporta bem?

14. Faz reuniões em família para estabelecer responsabilidades e organizar passeios e divertimento? As crianças participam abertamente dessas reuniões e da tomada de decisões? Durante esse tipo de reuniões, pode-se sugerir e estabelecer regras ou conseqüências para determinadas atitudes ou mau comportamento, assim como recompensas por atitudes positivas.

15. Mostra a seus filhos que existem vários tipos de emoções e as demonstra quando ocorrem, ou algumas delas jamais são expressas?

16. Presta atenção às crianças quando dizem estar se sentindo sozinhas, deprimidas ou isoladas, ou considera esses estados como fases passageiras?

17. Observa algum tipo de padrão ou de punição para comportamentos negativos de seus filhos?

18. Permite que comam açúcar ou alimentos com conservantes em excesso? Já observou se apresentam algum tipo de alergia ou hiperatividade depois de consumir determinados tipos de alimentos?

ESTABELECENDO NORMAS E LIMITES

Dizer que nossos filhos são crianças índigo e por isso permitir que se comportem como bem desejarem não as ajuda em nada. Mesmo que sua missão seja desenvolver uma nova consciência no planeta, elas precisam conhecer regras e limites. Isso as ajuda a desenvolver autocontrole, condição essencial para qualquer comunidade que deseje viver em harmonia. A criança índigo precisa ser corrigida e ter limites estabelecidos, mas isso deve ser feito de uma maneira que ela possa compreender e que esteja de acordo com suas características especiais. Sugiro algumas técnicas que podem ajudar a estabelecer disciplina sem agredir ou afetar a dignidade da criança:

1. Ao dar ordens, use frases do tipo: "Por favor, preciso que você me ajude a manter os sapatos no lugar certo e não espalhados pela casa". Começar com algo como "preciso de sua ajuda" sempre funciona.

2. Avise sempre com antecedência que a criança deve se preparar para sair ou para jantar.

3. Dê a ela o maior número de opções possível em cada situação. Quando se recusar a vir imediatamente para a mesa e jantar, por exemplo, diga que pode escolher vir em um ou em dois minutos, nada mais. Tente não se desviar do foco. Mas se ela

apresentar alternativas lógicas, como vir para a mesa de jantar assim que terminar de limpar seu videogame, por exemplo, por que não concordar?

4. Dê explicações curtas e diretas sobre o motivo das ordens que lhe der.

5. Dê uma ordem de cada vez para não sobrecarregá-la com excesso de informações.

6. Sente-se com ela para discutir as conseqüências de seu comportamento negativo. Diga, por exemplo: "Você tem o hábito de espalhar seus brinquedos pela casa e eu acabo tropeçando neles. O que podemos fazer para resolver isso? Tem alguma sugestão sobre o que eu devo fazer se você não os guardar?" E siga as decisões que forem tomadas.

7. Deixe uma cadeira em um lugar isolado da casa e estabeleça que é para lá que ela deve ir quando estiver de castigo. Mandá-la ir para o quarto não resolve porque ela pode ficar simplesmente se divertindo com seus brinquedos e com todo tipo de estímulo que existe ao seu redor.

8. Para avisá-la de que está fazendo algo errado e que será punida se continuar, utilize o seguinte sistema: conte até três para que ela tenha tempo de parar. Caso contrário, aplique o castigo.

9. Para não misturar emoções com disciplina, evite discutir com a criança. Apenas explique quais são as conseqüências do que ela fez: "Pedro, não vou ficar brigando com você por causa disso, mas você não pode bater nas outras crianças. Vá e se sente em sua cadeira de castigo agora". Mantenha o foco nas

conseqüências e aja da maneira mais indiferente possível. Controle-se para não ficar com pena e ir dar carinho a ela. A criança deve agir dentro de determinados limites e aprender que cada ação tem uma conseqüência.

Se ela reagir e começar a gritar, aumente a duração do castigo olhando no relógio e marcando quanto tempo ela fica gritando. Se preciso, anote em um papel. Não se exalte e diga algo do tipo: "Seu castigo começa agora e durará mais alguns minutos (especifique)". Quando o castigo acabar, lembre-se de perguntar a ela o motivo de ter sido castigada.

10. Experimente anotar ou colocar estrelas em uma folha de papel cada vez que ela se comportar bem. Deixe-a em local visível como a porta ou a lateral da geladeira, por exemplo. Quando tiver uma pontuação ou um número específico de estrelas a criança recebe um prêmio, como sair com os amigos ou ir a algum lugar de que goste. É uma maneira positiva de estimular o bom comportamento.

11. Lembre-se de observar o comportamento de seu filho e de elogiá-lo quando corresponder às suas expectativas: "Fico feliz em ver que você..." ou "É muito bom ver que..."

12. Peça à criança que repita suas ações de maneira apropriada: "Pedro, você sabe que não deve entrar em casa com os sapatos sujos de barro. Pode me mostrar o que deveria ter feito antes de entrar?" Pedro tira os sapatos. "Isso mesmo. Obrigado. Assim não vai sujar o chão".

13. Crianças se sentem mais seguras quando seguem rotinas e têm horário certo para comer, dormir e brincar.

14. Tente manter o esquema de disciplina estabelecido, mesmo que seja difícil. Caso contrário, a criança irá entender que não precisa seguir regras porque elas mudam sempre.

Espero que essas sugestões possam ser úteis. Aconselho os pais a acompanhar de perto o desenvolvimento dos filhos na escola e a verificar se os professores e o sistema de ensino são eficientes e oferecem recursos para crianças de comportamento instável ou se ainda seguem as regras antigas. Aconselho-os também a avaliar suas atitudes perante os filhos para garantir que eles o respeitem e que tenham todas as oportunidades de desenvolvimento. Os pais devem estabelecer normas e limites porque eles são necessários para a vida e para o crescimento do ser humano. As sugestões dadas devem ser aplicadas principalmente no caso de crianças índigo, pois ajudam a preservar seu senso de dignidade e as ensinam muito.

※ ※ ※

Robert Ocker, um educador que trabalha com crianças de todas as idades e adora-as, também faz observações bastante relevantes sobre o assunto.

※ ※ ※

Tratemos as crianças como presentes
ROBERT P. OCKER

Um dia, quando estava dando explicações sobre soluções de conflito a uma classe do ensino fundamental em Eau Claire, Wisconsin, perguntei a elas: "O que é violência?". Uma garotinha muito bonita de olhos brilhantes respondeu: "É fácil. São belas flores roxas (violetas). Sinto o perfume delas todos os dias e fico muito feliz". Minha alma se encheu de amor e de paz. Aquela menina transmitia sabedoria e força. Olhei para seus olhos profundos e brilhantes como estrelas e disse: "Continue a sentir o perfume das flores, Pequenina. Você entende o que é a paz. Gostaria de ensinar aos seus colegas sobre o medo. Vamos ensinar juntos?" Ela sorriu e pegou minha mão. Aquela criança era realmente um presente de Deus.

Costumo chamar as crianças índigo de "Pequeninas" e sei que vieram para nos apresentar um novo conceito de humanidade. São verdadeiros presentes para seus pais, para o planeta e para o universo. Quando prestamos atenção às suas mensagens, percebemos a sabedoria divina que trouxeram para elevar o nível de vibração da Terra.

E o passo mais importante que devemos dar para entender e nos comunicar com essas novas crianças é modificar nossa forma de pensar sobre elas. Se passarmos a considerá-las como presentes, em vez de problemas, poderemos compreender sua sabedoria e ampliar a nossa. Os Pequeninos entenderão nosso esforço e nos agradecerão. As crianças entram em nossa vida para receber um presente e para nos presentear com a possibilidade de descobrirmos a nós mesmos.

INTUIÇÃO

Meu trabalho com crianças de todas as idades (da educação infantil ao ensino médio) me permitiu observar que elas parecem entender mais do que os adultos. Elas confiam em seu instinto e intuição. Certa vez, quando falava sobre comunicação com uma classe de ensino fundamental, fui surpreendido com um presente de um garoto índigo.

Estávamos falando sobre a importância de escutar o que as pessoas têm a dizer quando ele completou meu raciocínio com a frase: "Se pararmos para pensar, *ouvir* e *calar* são a mesma coisa. Apenas as palavras são diferentes". Sorri e senti sua poderosa energia. Olhamos um para o outro sem dizer nada, mas compreendemos totalmente um ao outro. Ele me ensinou com palavras sábias e com sua intuição.

As crianças índigo seguem seu instinto para viver e enfrentam muitas dificuldades por causa disso, pois apesar de serem os agentes deste momento de transição da humanidade para uma fase em que utilizaremos mais nossos instintos, são forçados a conviver com nossas limitações. Seu desafio é diário, pois o instinto humano ainda é uma característica menosprezada. As culturas dominantes tratam o instinto com tal desconfiança que as crianças aprendem desde cedo a temê-lo.

Os jovens sentem intuitivamente o aspecto positivo de seu ego em relação à personalidade e que, na verdade, é necessário para gerir de forma eficaz seus relacionamentos . Todos sentimos isso. E é justamente em relação a este aspecto que as crianças índigo acabam ficando confusas e frustradas, pois tentamos ensiná-las que é errado prestar atenção aos apelos do ego e que, por isso, devem desenvolver uma personalidade social que as proteja das outras pessoas. Passam, então, a se esconder atrás dessas imagens e a buscar relacionamentos de nível puramente físico para manter suas máscaras. O sistema educacional, a mídia e a sociedade pregam que desenvolver uma "auto-imagem" é algo de extrema urgência e importância para todos. Isso é um verdadeiro veneno para as novas crianças.

Elas procuram em seus pais, professores e figuras de autoridade orientação, direcionamento e compreensão da realidade. E, como eles, passam o resto da vida dando tão pouco valor aos instintos e à voz do espírito que perdem a capacidade de percebê-los. São incorporados à sociedade de pessoas que vivem como se estivessem anestesiadas, avaliando sua existência segundo processos puramente racionais e em permanente estado de ansiedade. É a única forma de medir seu valor.

Essas novas crianças podem nos ensinar a ter uma nova consciência de nossa auto-imagem. Estão trazendo para o planeta mais uma oportunidade de vivermos de maneira mais sábia e instintiva.

Desejam apenas ser espontâneas e agir de acordo com sua intuição. Querem ter o direito de se expressar, sem ter de pensar em cada palavra antes de dizê-la e de ter a mente pura e livre de toda a responsabilidade e culpa sociais. Querem usar o gesto, o comportamento e a resposta mais criativa em cada momento. Essa é a visão da humanidade que eles vieram nos ensinar para passarmos a confiar em nós mesmos, em nossos instintos, em nossa intuição. Isso é um direito inerente a todo ser humano.

Bem orientadas, as crianças índigo podem amadurecer e manter essas habilidades, transformando-se em poderosas e positivas ferramentas. Farão com que a sociedade viva seu momento presente, pois é para isso que vieram.

DISCIPLINA SEM PUNIÇÃO

Punição é algo que não funciona com essas crianças; apenas causa medo, faz com que comecem a julgar as pessoas e os acontecimentos, gerando raiva e mais conflito. Sua reação faz com que se tornem rebeldes e que sintam ódio, o que é perigoso para elas e até mesmo para a vida das pessoas ao seu redor. Evite puni-las!

A disciplina correta ensina as crianças pela lógica e pela conscientização das possíveis conseqüências de seus atos. Mostra o que fizeram de errado, seus problemas e as possibilidades de corrigir seus erros, sem afetar sua dignidade.

Perceber que todas as ações têm conseqüências faz com que a criança índigo assuma de maneira positiva o controle de sua vida e passe a tomar suas próprias decisões e a resolver seus problemas. Tudo o que precisam é de orientação para desenvolver sua natureza altiva e sábia. Assim, podem ser responsáveis, independentes e bondosas, sentindo-se livres para serem elas mesmas.

Exigem ser tratadas com respeito e dignidade e captam rapidamente as intenções das pessoas. São almas antigas e sábias, mas com coração jovem. Devemos a elas o mesmo respeito e consideração que reivindicamos a nós mesmos. Essas crianças sabem agradecer quando são bem tratadas e entendem que, quando lhes damos amor, estamos mostrando que amamos a nós mesmos e que somos todos um único ser. Portanto, seja sincero e cumpra tudo o que prometer. Faça da integridade o seu guia. Plante essas mensagens de vida no coração dos Pequeninos para que eles cresçam com alegria.

Fazer escolhas é uma parte importante do processo de disciplina e de independência. Se você quer que seus filhos aprendam a tomar decisões corretas, dê a eles a oportunidade de decidir, mesmo que erradamente, contanto que isso não envolva nenhum tipo de ameaça grave. Permita que encarem as conseqüências de seus próprios erros, por mais dolorosa que seja a experiência.

Uma das pesquisas mais completas já realizadas sobre como tratar as crianças (e os adultos também) é a do doutor Foster Cline e Jim Fay. Seu livro *Parenting with Love and Logic* (Como educar com amor e com lógica)(46) apresenta técnicas extremamente eficazes. Os autores são pioneiros no assunto e explicam o que ocorre com as crianças de hoje e como ajudá-las. Recomendamos sua leitura.

✳ ✳ ✳

Para professores

Muitos professores nos perguntam: "O que posso fazer dentro das regras do sistema atual para ajudar as crianças índigo? Sinto-me de mãos atadas e frustrado!"

Jennifer Palmer possui graduação e especialização em ensino e educação e é professora na Austrália e, como todos os educadores do mundo, tem de trabalhar dentro dos padrões atuais, mesmo sabendo das condições especiais das crianças índigo. Tem 23 anos de experiência no ramo e apresenta algumas sugestões de como trabalhar com os índigos em sala de aula.

※ ※ ※

Os vários tipos de educação

Jennifer Palmer

Em minhas aulas costumo discutir com os alunos suas expectativas e perguntar a eles o que esperam de seus professores. Isso é interessante porque eles acabam descobrindo que esperam de mim o mesmo que espero deles e compreendem minhas solicitações e atitudes. Percebem que há direitos iguais entre nós.

Se temos de conviver como uma família durante o ano todo, é bom que algumas regras sejam estabelecidas para que cada um saiba o que tem de fazer. Em minhas aulas temos mais expectativas e direitos que no sistema tradicional.

As conseqüências de cada atitude negativa dependem do tipo de ofensa ou erro cometido e não seguem apenas um padrão predeterminado. Todas as mensagens devem ser positivas. Frases como "você não pode" não são utilizadas. Levamos cerca de uma semana para criar e colocar em prática nossa lista de regras, que são diferentes daquelas utilizadas há décadas. Procuramos, principalmente, nos divertir, crescer como pessoas e desenvolver ao máximo nossas habilidades.

Costumo dividir com meus alunos os acontecimentos de minha vida que possam ter algum impacto sobre meu relacionamento com eles, como não estar me sentindo bem, ter perdido alguém ou alguma coisa e até mesmo passatempos prediletos e interesses. E eles também demonstram quando não estão bem. Assim dividimos emoções e oferecemos suporte emocional uns aos outros.

Costumo ouvi-los e manter em segredo seus comentários a não ser quando me dão permissão para dividi-los com outras pessoas. Assim posso ser amiga e confidente.

O CURRÍCULO

Costumo designar tarefas e programar as atividades dos alunos de acordo com as necessidades do momento sempre que possível, de acordo com suas capacidades e conhecimento.

Escolho os temas e as áreas de trabalho e os oriento para trabalhar em grupos, fazer pesquisas, recorrer à literatura e se auto-avaliarem. Os alunos me ajudam e podem, dentro de alguns limites, escolher alguns dos tópicos com que desejam trabalhar.

Isso os faz analisar e raciocinar de maneira mais complexa e permite variações no estilo de aprendizagem. Muitos alunos que normalmente teriam de receber orientação específica começam a escolher, por livre e espontânea vontade, tarefas que exigem raciocínio mais elaborado.

Apesar de demandar muito trabalho e preparação, o resultado sempre vale a pena. Seleciono atividades que envolvem desde habilidades mais simples até as mais complexas. Alguns exemplos:

- observação;

- agrupamento, classificação;

- reorganização de idéias, utilização máxima da memória, revisão;

- comparação e diferenciação;

- compreensão;

- raciocínio, julgamento;

- concentração;

- planejamento;

- criação.

A avaliação pode ser feita por eles mesmos, pelos colegas ou pelo professor e ser apresentada de diferentes maneiras, seja por meio de pôsteres, apresentações, análises, critérios específicos, conferências, filmagem ou relatórios. Os alunos podem negociar a forma de apresentação e o professor a anuncia antes de iniciarem cada tarefa. Aprendizado em conjunto é uma das técnicas mais eficazes e muito utilizada por professores hoje em dia.

É assim que trabalho nas escolas, como cooperadora e facilitadora do processo de aprendizado e desenvolvimento das crianças.

※   ※   ※

Educação alternativa para as crianças índigo

Descrevemos a seguir dois sistemas de educação alternativos para crianças índigo. Referimo-nos a eles como "alternativos" porque são diferentes dos sistemas tradicionais, que já não suprem as necessidades das novas crianças. Um exemplo é a maioria das escolas públicas. Não queremos dizer com isso que todas sejam inadequadas para crianças índigo. Já tivemos oportunidade de ver em algumas delas diretores com pensamento mais aberto e sistemas que oferecem mais flexibilidade aos professores, mas infelizmente ainda são minoria. Os itens de Cathy Patterson que mencionamos há pouco podem servir de referência para que os pais avaliem o sistema de ensino das escolas de seus filhos.

Gostaríamos de poder apresentar uma lista de escolas de todos os países. Alguns pais podem acessar nossa lista e dizer: "Mas como vocês não mencionaram esta ou aquela instituição?" Admitimos que ainda temos um longo caminho a percorrer e muitas escolas para conhecer. Este livro é apenas uma *introdução* ao assunto. Por isso oferecemos nosso *site* (www.indigochild.com) para que você possa ter acesso às informações mais recentes de que dispomos.

Entretanto, todos podem ajudar. Se você souber de escolas ou de sistemas que funcionem bem com crianças índigo escreva para nós, pois desejamos ter informações sobre o mundo todo. Se sua sugestão for viável, será incluída no *site*. Assim, todos os pais poderão ter acesso a ela, em vez de ter de esperar a publicação de outro livro. Essa é uma das vantagens da Internet. Nossa intenção é fazer com que todos tenham acesso às informações e não promoveremos nenhum tipo de propaganda comercial das escolas. Você pode estar se perguntando o que é uma escola alternativa. A resposta é: uma escola que segue os padrões e sugestões que apresentaremos a seguir. Mas elas existem? Sim. E muitas já existiam mesmo antes do fenômeno índigo.

As características dessas escolas são facilmente identificáveis e imprescindíveis para o desenvolvimento das crianças.

1. Os alunos são respeitados, não o sistema.

2. Têm algumas opções quanto à forma de apresentação da matéria e quanto ao ritmo das aulas.

3. O currículo é flexível e varia de uma aula para outra, de acordo com quem está aprendendo em um determinado grupo.

4. As crianças e os professores (e não o sistema) são responsáveis por estabelecer os padrões de aprendizado.

5. Os professores têm bastante autonomia para decidir como agir em relação aos alunos.

6. O sistema antigo não é padrão e novas idéias são aceitas e incorporadas.

7. Os testes são constantemente modificados e adaptados às habilidades dos alunos e ao conteúdo das aulas. (Nada pode ser tão negativo para crianças inteligentes quanto realizar testes que não correspondam à sua capacidade. Isso faz com que não compreendam seu objetivo ou que se sintam subestimados, obtendo notas baixas. Os testes devem ser desenvolvidos de acordo com o perfil dos alunos.)

8. O histórico da escola mostra que sempre houve modificações e adaptações às necessidades das novas gerações.

9. Normalmente, as pessoas têm opiniões controversas a respeito da instituição.

Em seguida, abordarei o primeiro de dois sistemas escolares de que tivemos notícia quando estávamos escrevendo a primeira versão deste livro.

As escolas Montessori

"Nosso objetivo não é simplesmente fazer com que a criança entenda ou memorize as informações, e sim incentivá-la a dar o melhor de si."

DOUTORA MARIA MONTESSORI

O sistema Montessori[2] é provavelmente o mais conhecido em sua categoria. Desde sua implantação, em 1907, em Roma, na creche da doutora Montessori, desenvolveu-se e ficou conhecido no mundo todo como um sistema que considera a criança um "aprendiz independente".

---

2. A Organização Montessori no Brasil (OMB) foi fundada em 1996. Para obter mais informações, acesse o *site* www.flyed.com.br ou qualquer *site* de busca. (N.E.)

A American Montessori Association/AMS (Sociedade Norte-Americana Montessori) foi fundada em 1960. Sua metodologia revolucionária parece ter sido escrita para as crianças índigo. Apresentamos a base de sua filosofia.

O que torna o sistema educacional Montessori diferente é o fato de considerar a criança como um todo. O objetivo principal do programa é ajudar cada criança a desenvolver totalmente seu potencial nas mais diversas áreas da vida. As atividades são voltadas para o desenvolvimento de habilidades sociais, crescimento emocional, desenvolvimento físico e preparação cognitiva. O currículo holístico, administrado por professores treinados e especializados, permite aos alunos descobrir o prazer do aprendizado, desenvolver a auto-estima e absorver conhecimentos próprios a partir da experiência.

As técnicas da doutora Montessori foram criadas para se adaptar a cada criança e não simplesmente fazê-la adaptar-se ao sistema. O respeito à individualidade é a base de sua filosofia, o que leva ao estabelecimento de um relacionamento de confiança.

A organização Montessori também oferece treinamento a professores. Existem hoje mais de 3.000 escolas Montessori públicas e privadas nos Estados Unidos em diversos bairros, em comunidades de migrantes, na cidade e no campo. Seus alunos pertencem às mais diversas etnias e classes sociais.

O sistema Waldorf de ensino

"A principal característica das Escolas Waldorf é sua preocupação com a qualidade da educação. Todas as escolas se beneficiariam em conhecer o sistema Waldorf de educação."

DOUTOR BOYER,
DIRETOR DA CARNEGIE FOUNDATION FOR EDUCATION

Assim como as escolas Montessori, as escolas Waldorf ou Rudolf Steiner, como são conhecidas, oferecem um sistema alternativo de ensino altamente qualificado.

A primeira escola Waldorf foi inaugurada em 1919 em Stuttgart, na Alemanha. Nos Estados Unidos a primeira unidade, a Escola Rudolf Steiner de Nova York, foi inaugurada em 1928. Hoje, o sistema Waldorf[3] é o maior movimento educacional não sectário do planeta, com 550 escolas em mais de 30 países. É muito conhecido e utilizado na Alemanha, na Áustria, na Suíça, na Holanda, na Inglaterra e na Escandinávia. Nos Estados Unidos existem cerca de 100 escolas Waldorf.

Desde sua inauguração, o objetivo das escolas Waldorf era criar seres humanos livres, independentes, criativos, de boa conduta e felizes. Steiner descrevia sua missão como: "Receber as crianças com respeito, educá-las com amor e deixá-las caminhar para a liberdade." Podemos até imaginar que Steiner falava dos índigos. Tratava-se realmente de um educador à frente de seu tempo. Um artigo de Ronald E. Kotzsch, Ph.D, publicado no *East West Journal* em 1989, dizia:

Visitar uma escola Waldorf é como passar por um espelho de Alice e entrar no mundo educacional das maravilhas. É um local repleto de contos de fadas, lenda, mitos, música, arte, experiências de física, de comemorações e festas, de livros escritos e ilustrados por alunos e um mundo sem provas, notas, computadores ou televisão. Em suma, é um mundo onde as melhores idéias e técnicas de ensino da educação americana foram colocados em prática.

Outras técnicas

Alguns dos processos que apresentaremos a seguir são bastante profundos e não se enquadram na categoria de escolas e de sistemas de

---

3. No Brasil, a primeira escola, chamada Waldorf Rudolf Steiner, foi fundada em 1956. Para obter mais informações, acesse o *site* www.flyed.com.br ou qualquer *site* de busca. (N.E.)

educação como os que tratamos até agora, embora abranjam aspectos básicos do aprendizado humano. O que mais chama minha atenção é o fato de serem extremamente *simples* e *intuitivos*. Contudo, como são quase sempre esquecidos, precisam ser resgatados por homens e mulheres de inteligência e grande capacidade de discernimento. São apenas alguns dos diversos métodos atualmente utilizados que apresentam excelentes resultados. Sei que alguns deles podem parecer estranhos e selecionamos os que são comprovadamente mais eficazes.

Educação pelo amor e energia do coração

Jan e eu viajamos ministrando palestras sobre auto-ajuda. Em todas elas falamos sobre a base das atitudes mais corretas e saudáveis do ser humano: o amor por nós mesmos e pelas pessoas. Essa fonte natural de energia nos proporciona saúde, paz, equilíbrio e uma vida mais longa! O amor é nossa principal ferramenta de trabalho e a disseminamos por toda parte.

Parafraseando Robert Ocker, mencionado em páginas anteriores, "as crianças entenderão nosso modo ético e isento de compaixão ao agir e verão que nossa atitude de dar-lhes amor envolve amar a nós mesmos e viver como um único ser". Mencionaremos o amor em várias partes deste livro. Apresentamos agora um pesquisador que conhece profundamente essa área.

Quando lemos um artigo na revista *Venture Inward* (Aventura interior) (47) sobre o trabalho de David McArthur ficamos impressionados. Ele escreveu com seu pai, Bruce, um livro chamado *O coração inteligente* (48). David é advogado, pastor e diretor das divisões religiosas e de desenvolvimento pessoal do Instituto HeartMath que fica em Boulder Creek, na Califórnia.

Em seu livro, ele mostra de maneira muito clara que o amor é a chave de todas as áreas sobre as quais falamos em nossas palestras. Explica que o coração é nosso centro de energia e que controla sua distribuição pelo resto do corpo. Através de eletrocardiogramas, ele mostra os "sinais" do coração e os efeitos destrutivos da frustração e da raiva quando comparados aos do carinho e da paz. O padrão caótico gerado pelas emoções agressivas (chamado de espectro incoerente) é totalmente diferente do padrão uniforme e bem distribuído (espectro coerente) gerado pelas emoções pacíficas.

O livro trata do amor e de como transformar um padrão caótico em um padrão ordenado – um processo iniciado no cérebro e que envolve o coração, ou melhor, as emoções que atribuímos a ele. Apresenta as informações de maneira prática e completa e destina-se a todos, não apenas a crianças. É um excelente "manual" para aqueles que procuram informações e técnicas sobre áreas emocionais difíceis de controlar.

Trataremos a seguir de uma técnica denominada *Freeze-Frame* (congelamento de imagens). Nosso intuito não é descrever como aplicá-la, mesmo porque é necessária a orientação de profissionais especializados para isso.

O exercício de *Freeze-Frame* foi criado por Doc Childre e é uma das técnicas básicas do sistema *HeartMath*. O Instituto HeartMath desenvolveu uma série de exercícios para a redução do estresse. Por meio do *Freeze-Frame* é possível diminuir o ritmo cardíaco e estabelecer o espectro coerente que mencionamos há pouco. Recomendamos entrar em contato com a organização HeartMath(49), caso deseje obter mais informações sobre o livro de Doc Childre, *Freeze-Frame: One Minute Stress Management*(50) (Congelamento de imagens: técnicas de controle do estresse em um minuto) ou sobre o de David McArthur, *O coração inteligente*(48).

Fomos informados sobre esse método por **Pauline Rogers**, que entrou em contato conosco. Pauline é credenciada e trabalha ativamente em causas para o desenvolvimento infantil. Recebeu uma condecoração da California Child Development Admnistrators Association/CCDAA (Associação de Administração do Desenvolvimento Infantil da Califórnia) e trabalha em parceria com a instituição Sue Brock na defesa dos direitos de educação infantil. Suas qualificações e conhecimento na área nos foram de grande ajuda.

Quando perguntamos a ela quais os melhores métodos para ajudar as crianças hoje em dia, ela mencionou o *Freeze-Frame®* e explicou que funciona muito bem na solução de problemas não apenas no caso de crianças, mas de adultos também. Mencionou também alguns jogos não competitivos muito utilizados em sala de aula.

Ela mesma utiliza uma versão adaptada e mais simples do *Freeze-Frame®* com crianças pequenas. Diz que o exercício ensina tolerância, paciência e responsabilidade e, em seguida, a intuição. É uma maneira de resolver problemas e de tomar decisões, evitando confrontos. Recomendo o *Freeze-Frame* como uma ferramenta que pode ser usada tanto na educação quanto na vida em geral.

※　※　※

Jogos não-competitivos para a vida
PAULINE ROGERS

Outra maneira de desenvolver a tolerância nas crianças é por meio de jogos não-competitivos, descritos em diversos livros, como *The Incredible Indoor Games Book* (O incrível livro dos jogos de salão) (51) e *The Outrageous Outdoor Games Book* (O ultrajante livro dos jogos ao ar livre) (52). Descobrimos há alguns anos que as crianças podem aprender por meio de jogos. Os métodos de hoje têm um escopo maior de ação em termos de ensino e incorporam atividades e jogos do dia-a-dia para ensinar às crianças sobre a vida e a convivência. Muitas escolas os têm utilizado.

Trabalhar com crianças índigo envolve todos os tipos de desenvolvimento: físico, mental, emocional, social e espiritual. Quem não utiliza métodos que levam em consideração as crianças "como um todo" corre o risco de obter delas o baixo desempenho que os alunos de muitas escolas vêm apresentando. Não se ensina responsabilidade social ou pessoal atualmente. Os adultos devem ser um modelo a ser seguido.

Recomendo a leitura de alguns livros da editora Planetary Publications: *A Parenting Manual* (O manual dos pais), *Teen Self Discovery* (A adolescência e suas descobertas) e *Teaching Children to Love* (Ensine as crianças a amar), de Doc Lew Childre(50), *Meditação para crianças*, de Deborah Rozman(53), *The Ultimate Kid* (As novas crianças), de Jeffrey Goelitz(54) e *Joy in the Classroom* (Aulas e alegria), de Stephanie Herzog(55).

※　※　※

Disciplina aiurvédica para crianças

Você provavelmente já ouviu falar de Deepak Chopra. É, com certeza, um dos maiores nomes na área de auto-ajuda. Entre as diversas atividades que exerce, o doutor Chopra leciona a "Ciência da vida", um corpo de sabedoria que existe há mais de 5.000 anos, chamada aiurveda, um processo que tem renovado o planeta em termos de vida e saúde.

Joyce Seyburn, que já trabalhou com o doutor Chopra, aplicou sua ciência às crianças. Em seu novo livro, *Seven Secrets to Raising a Healthy and Happy Child: The Mind/Body Approach to Parenting* (Os sete segredos para educar uma criança com saúde e felicidade: o método corpo/mente)(56), ela apresenta conceitos aiurvédicos, ioga, técnicas de respiração e massagem para informar aos pais e prepará-los para dar à criança uma boa formação. Segue uma pequena sinopse de seu livro.

※　※　※

Sete segredos para criar uma criança com saúde e felicidade

JOYCE GOLDEN SEYBURN

Acredito que criar uma criança é dar a ela as ferramentas necessárias para superar as mudanças, o estresse e os desafios que irá enfrentar na vida. Apresento a seguir os sete segredos para educá-la dessa maneira.

O primeiro é começar a cuidar dela ainda dentro do útero, desde a concepção. Pratique exercícios moderados, alimente-se de maneira balanceada e nutritiva, descanse e mantenha-se relaxada.

O segundo é descobrir qual o tipo de mente/corpo (*dosha*) de seu filho. Essa informação vem da aiurveda, a "Ciência da vida", de origem indiana e trabalha com um sistema preventivo de saúde. Para descobrir qual o tipo de mente/corpo de sua criança, você deve perceber quais os seus padrões de alimentação e de sono, sensibilidade à luz e aos sons e seu modo de interagir com os outros.

O terceiro é aprender a equilibrar-se e a acalmar a criança. A melhor maneira de fazer isso é com meditação, seja ela vocal ou silenciosa. As crianças não precisam meditar, mas precisam de técnicas que as ajudem a se acalmar. Outra maneira de fazer isso é pelos sentidos, usando a música, levando-as para passear em locais onde se possa ter contato com a natureza, aromaterapia ou qualquer outra técnica do gênero.

O quarto é a massagem, que ajuda o bebê a digerir melhor os alimentos, desenvolve sua resistência a doenças, melhora sua qualidade de sono e seu tônus muscular. Em crianças com mais idade ou em adultos isso ajuda a aliviar a tensão muscular e a liberar as endorfinas sob a pele, causando uma sensação de prazer.

O quinto é ensinar técnicas de ioga e de respiração ao bebê ou às crianças de mais idade. Quando praticadas com regularidade, ajudam a melhorar a concentração e a coordenação e regulam o apetite, a sede, o sono e a digestão.

O sexto é fazer escolhas nutricionais apropriadas ao tipo de mente/corpo da criança. Quando os pais seguem essas técnicas, dão o exemplo às crianças fazendo-as praticá-las, tendo, portanto, uma vida mais equilibrada e saudável.

O sétimo é usar técnicas de descanso, massagem, tônicos e alimentação equilibrada para facilitar o nascimento do bebê, evitar a depressão pós-parto e fazer com que o bebê e a mãe sintam-se bem.

Seguindo esses conselhos, você e seus filhos podem ter uma vida mais tranqüila e estável.

⁂ ⁂ ⁂

Instituto Touch: a nova evidência da mudança dos tempos

Talvez você não deseje "mergulhar" nesse sistema de saúde de mais de 5.000 anos. Mas se esperar mais um pouco ele acabará indo até você! E o quarto segredo de Joyce Seyburn é a prova disso.

No artigo publicado na revista *Time*, em 1998, chamado "Touch Early and Often" (Massagem: quanto mais cedo melhor), Tammerlin Drummond(57) informa que:

> *Estudos realizados pelo Touch Research Institute (Instituto de Pesquisas do Toque) indicam que os bebês prematuros que receberam massagem três vezes por dia durante cinco dias seguidos passaram melhor que os outros que não a receberam. Tanto recém-nascidos quanto crianças com mais idade também podem se beneficiar muito da massagem.*

O mesmo artigo menciona a doutora Tiffany Field, a psicóloga de Miami que fundou o Touch Research Institute. Ela diz que a massagem estimula os nervos que auxiliam no processo digestivo e nos demais processos do organismo. Como ganham peso rapidamente, os bebês que recebem massagem são liberados do hospital cerca de seis dias após o parto, o que nos Estados Unidos pode representar uma economia de até dez mil dólares em diárias de hospital. Com 400.000 partos prematuros que ocorrem anualmente no país, pode-se calcular a economia. A médica diz ainda que, aos oito meses, os bebês que são regularmente massageados têm coordenação mental e de movimentos mais desenvolvida do que a média. No Capítulo 4, apresentaremos alguns métodos alternativos para aumentar o equilíbrio e a saúde das crianças e técnicas jamais imaginadas. Lembramos mais uma vez que reunimos todos os recursos atuais que realmente funcionam com as crianças índigo.

Mais histórias interessantes sobre os índigos

Fecharemos este capítulo com mais algumas histórias sobre essas crianças tão especiais. As descrições seguintes ilustram o fenômeno e o significado da existência dos índigos. Conheça mais algumas delas:

Minha filha me pediu xarope há alguns dias e eu fiquei em dúvida, sem saber se deveria ou não lhe dar o remédio. Ela me disse então: "Mãe, não é o remédio em si que irá me ajudar, mas sim o fato de eu acreditar que ele faz efeito!"

Outro dia estava esperando minha filha sair de sua aula de equitação e me sentei perto de uma mãe com uma criança de três anos. Ela comentou comigo que sua filha a estava deixando maluca, pois fazia o tempo todo perguntas que ela não sabia responder e ficava muito frustrada por não obter as respostas. Dizia à mãe: "Você deveria saber todas as respostas! Faz parte das regras!"

"Mas que regras?", perguntava a mãe.

"As regras de ser mãe. Você tem de saber tudo!".

E, quando a mãe tentava lhe explicar que não tinha como saber tudo, a criança batia o pé e dizia: "Não estou gostando dessa história de ser criança. Quero ser adulta AGORA!"

Na mesma semana, a menina ficou zangada com o pai porque ele a proibiu de fazer algumas coisas. Disse: "Você tem de me tratar bem! Queria muito que eu nascesse e eu nasci. Agora tem de cuidar de mim!"

LINDA ETHERIDGE, PROFESSORA

Minha esposa e eu dizemos sempre a nosso filho Nicholas que o amamos. Na maioria das vezes ele responde que também nos ama, mas de vez em quando simplesmente complementa: "Eu também me amo."

JOHN OWEN, PAI

Um dia, meus anjos me disseram que as estrelas também são anjos, os anjos estrelas. Cada uma delas cuida de alguém aqui na Terra. E as estrelas cadentes cuidam de todo mundo, não importa o que aconteça.

MEGAN SHUBICK, OITO ANOS

O LADO ESPIRITUAL
DAS CRIANÇAS ÍNDIGO

GOSTARÍAMOS DE FAZER O SEGUINTE PEDIDO CASO NÃO lhe agradem as teorias sobre metafísica da Nova Era ou assuntos espirituais, sugerimos que pule este capítulo. Não desejamos que as informações aqui contidas interfiram ou afetem sua opinião sobre o conteúdo do livro até este capítulo ou no restante dele.

Para muitas pessoas, esse tipo de assunto vai contra os ensinamentos religiosos mais comuns no Ocidente. Muitas das informações deste capítulo podem ser um tanto diferente daquelas das doutrinas mais praticadas.

Para outras, pode ser a parte mais importante das investigações sobre as crianças índigo.

Lembramos que apenas transcrevemos o que vimos e ouvimos sobre o assunto como meros repórteres. Nossa intenção não é mudar seus conceitos ou levá-lo a acreditar em filosofias espirituais. O único aspecto que enfatizamos é o *amor* para com as crianças, não a religião ou algum tipo de crença.

Se você não acredita em metafísica, vá direto ao Capítulo 4, onde tratamos de saúde, especialmente de DDA e de TDAH. Deixar de ler esta parte não irá interferir em sua compreensão sobre as crianças índigo.

Para os demais

Este capítulo contém uma série de histórias do mundo todo e indicações de profecias que anunciavam as crianças índigo como "as que sabem de onde vêm e quem foram antes de nascer".

Gordon Michael Scallion, um famoso apresentador de TV (programa *Prophecies and Predictions*) previu a chegada das "crianças azuis". Diversos historiadores espirituais já fizeram previsões semelhantes.

A reencarnação (vidas passadas) pode ser realidade? As histórias que inúmeras crianças contam aos pais sobre "quem foram" podem ser meras fantasias de mentes criativas ou uma lembrança que merece ser reconhecida?

O que você responde às crianças quando elas lhe contam quem já foram, que têm "amigos anjos" ou quando mencionam aspectos espirituais que ninguém as ensinou? E quando corrigem aspectos de sua doutrina religiosa? Qual é sua reação?

Gostaríamos de ter as respostas para todas essas perguntas, mas podemos afirmar que *jamais* se deve subestimar as informações que as crianças transmitem. Se vão contra suas crenças, simplesmente as ignore. Não é preciso doutriná-las cada vez que fazem algum tipo de comentário. Essas "mensagens" são esquecidas com o tempo e não afetam o aprendizado religioso. A maioria das crianças se esquece de tudo isso após os sete anos de idade e mal pode esperar para freqüentar a igreja e aprender sobre ela. Essa consciência espiritual é uma nova característica das crianças e é importante que falemos sobre ela.

Antes de começar, vamos apresentar alguns termos utilizados neste capítulo:

෨ **Vidas passadas:** conceito segundo o qual a alma é eterna e vive uma seqüência infinita de vezes, em um corpo de cada vez.

෨ **Carma:** energia de uma ou de várias vidas passadas, que ajuda a moldar o potencial de aprendizado e as características de personalidade da vida atual.

෨ **Aura:** força de vida que circunda o corpo das pessoas, "visível" para alguns e com cores características que têm significado próprio.

෨ **Vibração:** também chamada de freqüência. "Alta vibração" é o termo utilizado para descrever um espírito de grande iluminação.

෨ **Energia antiga:** estado de grande iluminação.

෨ **Trabalhador da luz:** pessoa de alta vibração, muito iluminada e que se dedica a trabalhos espirituais de grande responsabilidade. Pessoa espiritualmente importante.

෨ **Reiki:** sistema de equilíbrio de energias.

Jan e eu conhecemos **Melanie Melvin,** Ph.D., conselheira de renome mundial, grande erudita, e passamos a respeitar muito seu trabalho com a homeopatia. Melanie é membro do British Institute for Homeopathy (Instituto Britânico de Homeopatia). Seu *site* na Internet (www.drmelanie.com) aborda diversos assuntos e seu trabalho baseia-se na espiritualidade.

✳   ✳   ✳

Devemos respeitar a criança índigo
MELANIE MELVIN

Os índigos vêm para este mundo com a certeza de que são enviados por Deus e têm um grande respeito por si mesmos. Ficam muito confusos e frustrados se percebem que os pais não se consideram seres espirituais como eles. Portanto, se você tem um filho índigo, é imprescindível lembrar-se sempre disso e, acima de tudo, respeitar a si mesmo. Nada desgasta mais uma criança índigo do que ter pais que não conquistam seu respeito e que a fazem assumir o controle e a responsabilidade.

Um dia, quando meu filho Scott tinha dois anos de idade, entrou correndo na cozinha e eu tinha acabado de lavar o chão. Ainda estava ajoelhada e estendi o braço para evitar que escorregasse e caísse. Ele parou, ficou bem ereto, me olhou direto nos olhos e disse: "Não me empurre". Sentiu-se desrespeitado por eu achar que não conseguiria se manter em pé. Fiquei impressionada ao perceber o espírito indomável que habitava aquele pequeno corpo!

E não adianta copiar ou adotar técnicas artificiais com seu filho. Você deve respeitá-lo e demonstrar sinceridade. Essas crianças percebem quando estamos simplesmente seguindo sugestões de "especialistas" em educação. Devemos servir de modelo, pois elas seguem muito mais nossos exemplos do que nossas palavras. Se sentem que não temos integridade, deixam de nos respeitar. Mas isso não significa que nos imitem, pois têm personalidade e identidade próprias.

Uma vez presenciei uma mãe "tentando" utilizar uma dessas técnicas com sua filha de três anos, uma menina muito independente e esperta que estava em minha casa brincando com a minha filha. Chamou delicadamente a filha várias vezes, dizendo que já estava na hora de ir. Mas estava delegando a ela o poder da decisão, e a menina simplesmente a ignorou.

A mãe começou a ficar cada vez mais frustrada e zangada, mas não alterou a voz e continuou chamando a menina da mesma maneira. Depois de algum tempo eu não consegui mais me controlar e disse à menina: "Se você não for agora para casa com a sua mãe ela não vai trazê-la na próxima vez que pedir para vir". A menina olhou para mim, entendeu e foi embora.

Se a mãe tivesse sido honesta com ela desde o início e adotado uma postura de força e respeito, dizendo algo do tipo "preciso ir embora agora. O que você precisa pegar para irmos?", ela teria reagido de maneira diferente. Quando os índigos sentem que estão sendo tratados com respeito e honestidade, cooperam e respeitam as decisões tomadas. Mas, se sentem qualquer tipo de manipulação ou de culpa, ficam com raiva.

Respeitar a si mesmo e às crianças como seres espirituais faz com que elas o respeitem também. Uma vez, enquanto viam uma criança xingar e desrespeitar os pais, meus filhos me disseram: "Você jamais deixaria isso acontecer, não é?" Elas me respeitam e aprovam minhas atitudes. Um dos erros mais comuns que costumo ver é o de pais que têm medo de "ferir" seus filhos psicologicamente. Mas e quanto aos danos que se pode causar deixando-os agir com total liberdade, sem orientação?

Trate seus filhos como seres iguais a você em termos espirituais, mas não esqueça que, como pai ou mãe, você tem a responsabilidade de educá-los.

Eles não estão no comando, mas sentem-se orgulhosos de poder escolher o que irão comer, por exemplo, ou mesmo de ajudá-lo a preparar a refeição. No entanto, você não precisa se transformar em um *chef* de restaurante só por causa disso. Já vi muitas mães se desesperarem tentando agradar a todos ao mesmo tempo. E isso não é justo, pois se um dos membros da família se sacrifica, os outros não podem se beneficiar. A família existe para que todos ofereçam apoio uns aos outros.

As crianças mais rebeldes de que já tratei em todos esses anos de trabalho como psicóloga e homeopata são aquelas que não receberam orientação ou limites dos pais. Já vi crianças levarem seus os pais à cólera, com o único objetivo de fazê-los estabelecer limites a seu comportamento. Ao abdicar de nosso papel de pais, automaticamente permitimos que nossos filhos nos controlem.

Quando nosso filho tinha dois anos, disse a ele para não pegar um objeto que tinha visto sobre a mesa. Ele foi até lá e o pegou só para me testar. Percebi sua intenção e dei um tapa em sua mão. Pois ele pegou o objeto mais vezes e a cada vez apliquei o mesmo castigo. Começou a chorar e fiquei com muita pena dele, mas sabia que se fraquejasse naquele momento ele iria apenas sofrer e não aprenderia a lição. Teria vencido uma adulta, mais forte que ele e que, em teoria, deveria protegê-lo. Isso assusta muito a criança. Depois do incidente, nos abraçamos. Ele ficou contente e nunca mais me desafiou. Se eu tivesse cedido, ele teria de repetir o mesmo tipo de provocação diversas vezes até aprender a ser mais forte, compreensivo e consciente e a perceber as conseqüências de seus atos.

A criança índigo normalmente adota uma postura de desafio quando se sente desrespeitada ou quando os pais não respeitam a si mesmos e lhes delegam o poder. Todas as crianças costumam testar a autoridade dos pais. Para evitar isso, respeite-se e trate-a com respeito. O relacionamento deve estar sempre baseado em amor. Se você realmente ama seus filhos e não deseja simplesmente que satisfaçam suas necessidades de afeição e de aceitação, demonstre seu amor e todos se beneficiarão.

LIBERDADE DE ESCOLHA

Liberdade é muito importante para a criança índigo, mas cada escolha tem de ser acompanhada da noção de responsabilidade, em todas as idades. Por exemplo: quando nossa filha Heather estava entrando na adolescência, foi convidada a ir para a Disneylândia com a família de um amigo. Mas estava gripada e os pais das crianças fumariam no carro, o que agravaria seu estado. Além disso, tinha ido à

Disneylândia um pouco antes e eu não tinha certeza se deveria gastar tanto dinheiro outra vez. Era uma decisão difícil de ser tomada, pois seria um passeio muito divertido e ela não queria deixar seu amigo chateado recusando o convite. Estava confusa, sem saber como agir e doente. Percebi que era uma situação difícil para alguém de sua idade. O que ela realmente queria era ficar em casa, mas não sabia como explicar isso ao amigo. Quando eu disse que ela não iria, chorou desapontada, mas depois me agradeceu, aliviada.

Quando tinha 18 anos, Heather teve uma infecção viral na mesma época de seu baile de formatura, que seria em uma noite de sábado. Ela sabia que só voltaria para casa na madrugada do domingo. O local do baile era distante e ela teria de dirigir durante mais de uma hora para chegar lá, pois alguns amigos pegariam uma carona no carro dela. Estava um tanto indecisa, sem saber se deveria ir ou não, pois a semana tinha sido muito cansativa. Mas sabia que seria muito divertido. Disse a ela então que não haveria problema se quisesse ficar em casa e descansar, mas ela acabou decidindo ir e eu respeitei sua decisão.

Em ambos os casos, respeitei sua vontade e interferi apenas quando senti que precisava de ajuda. Ambas as situações lhe ensinaram alguma coisa. Estar vivo é uma maneira de aprender e não existem decisões erradas, já que todas as situações nos permitem adquirir experiência. Nossa missão de pais é educar, guiar e encorajar os filhos e também permitir que percebam e aprendam com as conseqüências de seus atos sempre que possível, principalmente no caso de crianças índigo, que se irritam e se tornam rebeldes quando sentem que alguém tenta lhes impor opiniões diferentes das suas.

Os índigos sentem que são diferentes das outras pessoas. Quando classificados como TDAHs, acreditam que essa diferença é negativa, o que causa depressão e comportamentos viciosos que acabam bloqueando seus talentos naturais.

O fato de não conseguirem se concentrar ou permanecerem quietos os faz sofrer muito. Quando tratados como crianças indisciplinadas, sentem-se depreciados e com muita raiva. Entretanto, com o tempo, acabam absorvendo e incorporando as opiniões das pessoas com relação à sua personalidade. Conheci uma índigo de quatro anos muito bonita e que estudava em uma escola Montessori. Parecia um anjo, com seus belos olhos azuis e cabelos loiros, mas tinha acessos de raiva e gritava tão alto que os vizinhos ligavam para a escola para saber o que estava acontecendo. Era Angel, chutando os professores, agredindo os colegas e olhando sua imagem no espelho da sala de aula, contente pelo que via.

A menina tinha muita raiva da mãe, que não a respeitava, cerceava sua liberdade. Detestava os professores porque não permitiam que ela maltratasse os colegas. Não se impressionava com o conhecimento dos adultos, pois era muito inteligente e tinha habilidades incomuns para uma criança de sua idade, mas como se sentia inferiorizada, tentava provar que era melhor que as pessoas ao seu redor. Estava, na verdade, esperando alguém que a desafiasse.

É sempre mais fácil para um profissional que não está diretamente envolvido com a situação ver as coisas sob um ponto de vista diferente. Em nossas sessões de análise, deixei claro desde o início quem estava no comando. Agia com firmeza, mas com carinho, respeitando-a e exigindo respeito. Prescrevi também remédios de homeopatia. Isso facilita bastante o trabalho do psicólogo, pois estimula as células do corpo a recuperar o equilíbrio. Quando começou a tomá-los, os professores me telefonaram para perguntar o que havia acontecido, pois parecia ser um milagre. Angel estava se comportando como um verdadeiro anjo, sem ataques de raiva, sem agressão nem provocações.

Mas ainda havia muito a ser feito. Agora que ela estava mais equilibrada, era a vez de tratar os adultos, pois do contrário o ambiente a faria retornar ao estado de antes e ela poderia não responder tão bem a um segundo tratamento. Sua mãe e seus professores precisariam ser mais firmes e tratá-la com carinho para que confiasse mais neles e se sentisse mais segura. Todos precisamos de segurança para desenvolver nossas atividades e lutar por nossos objetivos.

Quando a raiva diminuiu, seu sofrimento veio à tona. Angel se sentia discriminada pelas outras crianças e tinha uma imagem negativa de si mesma por ser diferente. Receitei então mais remédios homeopáticos para diminuir sua sensação de tristeza e de perda e trabalhei essas emoções durante as sessões, para curar sua dor emocional. Trabalhamos também algumas de suas noções e habilidades sociais.

Não desejamos que os índigos sejam como todas as outras pessoas, mas é muito difícil ser diferente. Sente-se muita solidão e isolamento. Mas não adianta simplesmente dizer a eles que são diferentes. Eles já sabem disso. É preciso ensiná-los a ver que essas diferenças são positivas. Se perguntamos a um índigo se ele quer ser como a maioria das pessoas, sua resposta é "não". E isso é um sinal de sua escolha e preferência de ser quem é.

OS ÍNDIGOS INDEPENDENTES

Índigos são normalmente pessoas muito independentes. Não devemos nos surpreender quando tomam determinadas decisões ou escolhem caminhos diferentes dos nossos. Sua determinação é inabalável e pode assustar.

Meu marido e eu estávamos um dia em um restaurante e havia próximo de nós uma mãe com sua filha pequena. A mãe queria que a menina a esperasse pacientemente, enquanto tomava seu café da manhã. Para a mãe, isso era normal, pois fora criada numa época em que as crianças eram apenas vistas, nunca ouvidas. Mas faz parte da natureza das crianças a inquietude, pois têm muito a aprender. No caso dos índigos, isso é ainda mais forte, pois são muito mais determinadas.

A menina devia ter uns três anos e estava sentada em uma cadeira mais alta, daquelas especiais para crianças, mas sem a bandeja de proteção porque era do tipo que se pode encostar à mesa. Contudo, porque a cadeira estivesse muito alta em relação à mesa, a mãe deixou-a um pouco mais afastada para que a menina não subisse ou pegasse os objetos de cima da mesa. Como havia dito à menina que ficasse ali quieta, sentada, esperou que ela obedecesse. Ficamos observando a cena durante alguns minutos, depois olhamos um para o outro e dissemos "índigo".

Percebemos o olhar intenso e forte da criança e como ela se sentia igual aos adultos ao seu redor. Não parecia constrangida, ameaçada ou mesmo preocupada com nossa opinião. Estava sentada em uma cadeira mais alta que as de todos nós.

Levantou-se, então, não para desafiar a mãe, pois não achava que estivesse fazendo algo errado, mas sim seguindo seus impulsos. E apesar de estar de pé em um lugar alto e instável, não senti medo de que caísse. Tinha um equilíbrio perfeito e estava tão confiante que nos deixou tranqüilos.

Fiquei preocupada apenas com a mãe. Se tentasse usar métodos antigos de educação naquele momento, teria muito trabalho. Disse a ela da maneira mais tranqüila que pude: "Não se preocupe. Ela sabe se equilibrar". Esperava que ela entendesse minha frase de maneira positiva e ela respondeu "sabe, sim", com um misto de raiva e de orgulho na voz.

A menina ouviu nossa conversa, mas a ignorou e continuou a fazer o que queria, seguindo sua própria intuição, valores, motivação e discernimento. Se a mãe a tivesse mantido ocupada com alguma atividade e dito a ela que estava preocupada ou com medo de que ela caísse, as duas poderiam ter resolvido o impasse e ficaria tudo bem.

Como o sentido natural de independência dos índigos também envolve interesse pelas pessoas, não se deve desenvolver neles a necessidade de depender das opiniões alheias ou culpa por seguir sua intuição, algo que nossa geração teve de enfrentar.

ELES SÃO O RESULTADO DAQUILO QUE INGEREM

Esta é outra área em que os índigos não herdaram nossas características. A alimentação não é um problema para eles. Não costumam comer muito, o que muitas vezes acaba sendo motivo de preocupação para seus pais. Entretanto, considerando-se a tendência ao consumo exagerado de hoje em dia, isso é uma vantagem. Eles comem apenas a quantidade necessária para manter o organismo em ordem, sem passar fome.

Seu fígado é capaz de metabolizar alimentos não-saudáveis de maneira mais eficiente que os nossos, mas a maioria deles prefere alimentos naturais, como frutas e vegetais, carne e peixe. Comem porções pequenas e não parecem se preocupar com a refeição seguinte. Crianças índigo não reagem a técnicas que envolvam culpa, medo ou manipulação e se as utilizamos com eles podemos simplesmente perder seu respeito. Portanto, se você está preocupado com a alimentação de seu filho, informe-se sobre alguns aspectos importantes de nutrição e divida essas informações com ele, mas deixe que ele tome suas próprias decisões. Seu corpo irá lhes indicar aquilo de que necessita e não informações externas, restrições e proibições.

Nos anos 70, uma experiência com crianças de até dois anos consistia no seguinte: na hora das refeições, era colocada à sua disposição uma mesa com uma grande variedade de alimentos e podiam escolher o que quisessem. Ao contrário do que se esperava, todas escolheram alimentos nutritivos e balanceados e não abusavam na quantidade de açúcar e de doces. Uma delas, que apresentava raquitismo, bebeu óleo de fígado de bacalhau até se curar. Se as crianças dos anos 70 conseguiam fazer isso, por que não deixar que os índigos escolham aquilo de que seu corpo necessita?

PREOCUPAÇÃO E AMOR

Essas crianças se preocupam com todos os seres vivos: o planeta, os animais, as plantas e as pessoas. Reagem a qualquer demonstração de crueldade, injustiça, violência e insensibilidade. Além disso, mesmo desejando muitas coisas, não costumam ser materialistas (a menos que sejam muito mimados), mas sim generosos.

Pesquisas na área de psicologia mostram que pais sensíveis que se prontificam a ajudar sempre os filhos os ensinam a ser sensíveis e sempre prontos a ajudar também. Pesquisas médicas mostram que quando ajudamos outras pessoas o ritmo de nosso batimento cardíaco diminui. Já pessoas que não costumam ajudar têm ritmo cardíaco mais acelerado. Quando dizemos "ajudar", nos referimos à ação totalmente voluntária e espontânea.

Crianças que demonstram empatia e espontaneidade para com as pessoas tendem a ter mais saúde, pois são mais estáveis em termos emocionais, mentais, sociais e físicos. Por serem mais equilibradas, não se deixam sobrecarregar com pedidos e tarefas. Já as que não são tão altruístas costumam ter mais problemas.

As pesquisas também indicam que os altos padrões morais estão associados à empatia, uma vez que as crianças tratadas com bondade aprendem a ter mais compaixão. Devemos respeitar as habilidades inatas de nossos filhos e incentivar seu desenvolvimento. Eles têm de passar por determinados problemas e dificuldades e não podemos interferir em todas as suas escolhas, apenas confiar em sua sabedoria interior e oferecer ajuda e apoio. Temos de ser honestos e admitir nossas falhas e problemas, pois isso os incentiva a agir da mesma maneira. Seja sempre aberto com seu filho e mostre a ele o quanto o ama.

Ajudar as pessoas faz bem a elas e ao nosso coração, pois o altruísmo é uma emoção benéfica tanto para a mente quanto para o corpo. Crianças conseguem demonstrar empatia mesmo antes de poder verbalizar ou conceituar princípios morais.

Meu filho Scott já demonstrava essas características com menos de dois anos de idade. Certa vez, quando estava doente e já quase sem forças, comecei a chorar. Ele olhou para mim e tentei disfarçar, mas ele se aproximou e pareceu tão preocupado que lhe expliquei que estava muito indisposta. Pediu que eu o pegasse no colo e começou a me mostrar os quadros dà parede e os brinquedos dele de que eu mais gostava. Era exatamente o que eu fazia com ele para ajudá-lo a se distrair quando estava com algum problema. Estava fazendo por mim o que eu faria por ele. E funcionou!

Em outra ocasião, minha filha Heather me chamou e eu disse a ela: "Mamãe está ocupada agora". Scott, que estava perto, me olhou e disse: "Mas ela está precisando de você!". Ele tinha três anos e Heather oito meses. Mesmo as crianças em tenra idade conseguem perceber as necessidades emocionais umas das outras.

O desenvolvimento moral tem origem na compaixão, e a ética, nos sentimentos – e não em normas e regras rígidas. Em momentos de crise, o coração é quem nos dirige, e não a mente. Bravura e coragem nascem do desprendimento, da prontidão de pessoas em se arriscar em benefício das outras e não do raciocínio lógico sobre os prós e os contras da situação, ou seja, não é nossa mente, mas sim nosso coração que determina nossas ações corretas.

MENTE FORTE E DETERMINAÇÃO

Crianças índigo são extremamente determinadas quando desejam alguma coisa. Atormentam até conseguirem o que querem. Nesses casos, é melhor dizer "vou pensar no assunto" do que negar imediatamente. Como elas costumam ter bons motivos para pedir alguma coisa, podemos pensar melhor no assunto e consentir.

É sempre melhor ouvir seus motivos e pensar com calma antes de responder. Se dizemos não e depois mudamos de idéia, elas aprendem a insistir até conseguir o que desejam. Isso não significa que tenhamos de dar a elas tudo o que pedem, mas que devemos ser muito sinceros ao dizer sim ou não.

NOÇÃO DE RESPONSABILIDADE

A primeira regra é ter poucas regras e mais princípios de comportamento. Índigos que têm valores e princípios tomam decisões mais acertadas. Devemos ajudá-los a se desenvolver, pois quando não estivermos por perto poderão tomar atitudes baseadas em sua intuição, amor e bom senso, sem a necessidade de uma figura autoritária para dizer o que devem fazer ou, ainda pior, esperar que saiamos para fazerem o que querem.

A maioria dos seres humanos não reage bem ao autoritarismo, portanto é melhor sermos confidentes e conselheiros do que simples disciplinadores. Estabeleça limites em vez de fazê-los cumprir ordens, faça com que resolvam problemas que estejam à altura de sua capacidade e permita que sejam irresponsáveis até um determinado ponto para que as conseqüências de seus atos os ensinem até onde podem ir. Discuta com eles e ouça o que têm a dizer. Confie neles e farão por merecer sempre sua confiança.

AMAR É O GRANDE SEGREDO

Lembre-se de que seu filho já viveu mais ou menos vidas que você e que também é um ser espiritual com experiência, talento, carma e características próprias. Reencarnou para estar com você e aprender determinadas lições, desenvolver determinados aspectos de sua personalidade e reforçar áreas espirituais em que apresenta menor desempenho.

Isso não isenta os pais de suas responsabilidades, apenas indica que não são absolutamente responsáveis pelas escolhas de seus filhos. Como são seres espirituais iguais a você, escolheram nascer como seus filhos desta vez. Eles já podem até mesmo ter sido seus pais em outras encarnações. É muito comum ouvirmos pais dizerem: "Espere até você ter filhos. Tomara que sejam iguais a você!" Bem, talvez seja por isso que eles sejam nossos filhos agora. Somos mais parecidos uns com os outros do que podemos imaginar.

É no relacionamento com as pessoas que crescemos. Ver nossas características refletidas no outro nos faz perceber quem somos. Quando conseguimos enxergar as dificuldades em relação aos nossos filhos como oportunidades de desenvolvimento para nós e para eles, os problemas deixam de parecer tão grandes. Nós é que os tornamos maiores quando nos preocupamos, jogamos a culpa em alguém ou tentamos fugir dos desafios. Observe quais as áreas em que tem mais dificuldades com seus filhos e veja o que pode aprender com cada uma delas. À medida que lidar melhor com isso, as situações ficarão mais fáceis e o relacionamento melhorará a cada dia. Lembre-se de procurar ver o lado divertido de cada situação e demonstre sempre seu amor por eles.

Sinta-se honrado, pois eles o escolheram por algum motivo. Dê o máximo de atenção e de seu tempo a eles. Isso é amá-los. As crianças se lembram de acontecimentos importantes que viveram ao seu lado, mas não a freqüência com que ocorreram. Por isso, entregue-se a eles de corpo e alma sempre que possível.

※　※　※

Agora é hora de **Robert Ocker** voltar a estas páginas. Educador e "especialista do coração", ele dispõe de mais informações.

※　※　※

Educação e amor
ROBERT P. OCKER

Certa vez, enquanto trabalhava o controle da raiva em um grupo de crianças, pedi a elas que fizessem uma redação sobre um acontecimento importante na vida delas e depois discutissem verbalmente. Como facilitador, minha intenção era ajudá-las a focar sua auto-estima.

Um garoto de oito anos, bastante desinibido, levantou-se e perguntou: "Sabem qual foi o acontecimento mais importante nos últimos 100 anos?" As crianças olharam umas para as outras, depois para mim e disseram não saber. O índigo respondeu em um tom de absoluta sinceridade: "Eu".

Seus colegas começaram a rir como as crianças costumam fazer quando estão constrangidas ou não entendem o que está acontecendo. Senti uma energia negativa se formando no ar. Aproximei-me do garoto, que parecia confuso, e respondi com todo o respeito: "É verdade! Estou feliz que esteja aqui nos ajudando. Você acabou de ensinar ao grupo que o riso e a paz podem superar a raiva. Muito obrigado!"

O índigo voltou a sorrir, e a energia se equilibrou novamente na sala, com um tom de paz.

A autoconfiança dos índigos é um fator determinante em seu sucesso, e preservá-la é mais importante do que adquirir habilidades técnicas. Devemos dividir com eles o conhecimento de que precisam e ajudá-los a manter a confiança em si mesmos, pois é por meio dela que demonstram sua confiança em Deus.

Como Ken Carey afirma em seu livro *The Third Millenium* (O terceiro milênio):

> *Muitos desses Pequeninos não se esqueceram do Grande Ser que brilha através deles. Seu papel é ajudá-los para que não se esqueçam e para que possam representar os espíritos eternos que estão acima deles.*
>
> *Quem consegue perceber sua beleza, sua perfeição e as características eternas em seus olhos tem vontade de ajudá-los a se desenvolver cada vez mais. Devemos trazer à tona as melhores características dessas crianças e de todas as pessoas ao nosso redor. Não precisamos ajudar a fortalecer as fantasias daqueles que não acreditam em sua imortalidade, e sim ajudar aos espíritos que buscam encarnar neste planeta. Perceba a presença do Ser, una-se a Ele e ajude-O a se tornar cada vez mais presente. Ajude a tornar as outras dimensões mais perceptíveis a todos e a nova geração a ter mais consciência de sua missão.*

O PODER DA BRINCADEIRA: O PORTÃO PARA O UNIVERSO

Pode-se descobrir mais a respeito de uma pessoa em uma hora de brincadeira do que em um ano de conversa.

PLATÃO

Tentei chamar a atenção da criança com palavras;
Foram sussurradas ao vento em vão.

Tentei chamar sua atenção com livros;
Mas recebi apenas um olhar de indiferença.

Desesperado, gritei:
Como captar sua atenção?

Então ele me sussurrou:
"Venha brincar comigo"

AUTOR DESCONHECIDO

Quando brincamos com os Pequeninos, os anjos brincam com as estrelas. O poder da brincadeira abre os portões do universo, onde todos brincamos com o Criador. É uma brincadeira que envolve amor, dar e receber, honra e aprendizado com as crianças. Elas nos ensinam a inocência e a amar incondicionalmente. Herdarão a Terra e darão a todos muito amor.

No coração e na mente dos índigos estão a visão e a imaginação de todo o planeta. Essa é a missão deles: preparar a humanidade para a canção universal do amor. Inspire-se nessas visões e ajude-os a caminhar, pois neles está o futuro e a imaginação de hoje.

A energia que emitem nos dá livre possibilidade de escolha, característica que movimenta o universo. É a energia das estrelas e da música dos planetas. Ouça e ajude os Pequeninos, pois eles estão perdendo a habilidade de sonhar com o universo em seu coração. Tente entender suas atitudes e os ajude a tomar decisões que ajudarão o planeta a ter a verdadeira paz, pois é somente a paz que eles conhecem. E por ela nos ensinarão a compreender melhor a humanidade.

RIA COM OS PEQUENINOS

Ouça o riso dessas crianças. Quando elas riem, as estrelas ressoam alegria; são a alegria e a esperança do planeta, com liberdade de escolha e muita felicidade. Seus filhos mais velhos são muito sérios? Não dão aos Pequeninos o exemplo da alegria? Pois ria com eles e entenda que eles precisam disso. O coração deles precisa do riso, as estrelas precisam do riso e o universo precisa do riso. Ele deve continuar a existir para que o planeta vibre com amor, alegria e paz.

Ria com os Pequeninos!

✼ ✼ ✼

Segue o final da entrevista de **Nancy Tappe.**

✼ ✼ ✼

A espiritualidade índigo
NANCY ANN TAPPE
(EM ENTREVISTA CONCEDIDA A JAN TOBER – PARTE III)

Nancy, alguns desses índigos estão aqui pela primeira vez?
Sim, alguns estão. Muitos já passaram pela terceira dimensão e outros, suponho eu, vieram de outro planeta. São os índigos interplanetários e por isso os chamo de *interdimensionais.* Mas os artísticos, os conceituais e os humanistas (veja o Capítulo 1) já estiveram muitas vezes aqui e passaram por todas as cores.

Eles têm carma?

Sim, têm. Se você observar os índigos desde o momento em que nascem até os dois anos de idade poderá perceber que se lembram de sua existência anterior.

Gosto muito de contar histórias sobre o meu neto Colin. Um dia, cheguei a casa vindo do trabalho, e minha filha Laura estava brincando com ele, pois moraram comigo até ele completar cinco anos. Laura me disse: "Mãe, você vai adorar saber disso. Colin vai lhe contar o que me disse hoje". Ele respondeu: "Não vou contar, não". Laura disse então: "Vamos lá, conte a ela. Vovó adora ouvir suas histórias". Ele disse então, muito rápido: "Estava contando à mamãe sobre o tempo em que morávamos em Magog. Ela não era minha mãe naquela época, era minha amiga. Mas a história mudou e hoje não somos mais somente amigos". Eu respondi: "Que história interessante". Ele olhou para mim, riu e disse: "Acabei de inventar tudo isso". E eu disse então: "Eu sei. Todos inventamos histórias de vez em quando". Mas onde uma criança de dois anos teria ouvido dizer uma palavra como "Magog"?

Já percebi que muitos índigos mencionam épocas passadas. Tinha dois clientes em Laguna Beach, na Califórnia, que tinham sido meus alunos. Um dia, eles me telefonaram e disseram: "Nancy, estamos com um problema e precisamos falar com você. Podemos ir até aí?" Concordei e os recebi durante meu horário de almoço.

Sua filha de dois anos tinha acordado três dias antes dizendo que estava grávida e que tinha de voltar para Nova York! Disse ainda que tinha uma outra filha, que a tinha deixado sob os cuidados de alguém e que era atriz de teatro. Concentrei-me para acessar meu Eu psíquico e a localizei. Disse: "Pelo que posso ver, ela foi mesmo uma atriz e o teatro onde estava trabalhando pegou fogo. Ao tentar fugir junto com as outras pessoas, tropeçou e uma estrutura do teto caiu sobre ela. Quando os bombeiros entraram para apagar o incêndio a encontraram morta, não porque estivesse queimada, mas porque se afogou com a grande quantidade de água que foi jogada pelas mangueiras, pois eles não sabiam que ela estava presa no chão". Quando se lembrou de tudo isso a menina entrou em crise e não parou mais de chorar, dizendo que "tinham de levá-la de volta a Nova York".

Estava assim havia três dias, e os pais vieram falar comigo porque não sabiam mais o que fazer. "Bem", eu disse, "vocês têm de voltar para casa, sentar-se com ela e explicar que tudo isso ficou para trás em outra vida, que a filha que deixou aos cuidados de outra pessoa hoje é mais velha do que ela, que não está grávida e que não mora mais em Nova York. Falem com ela como se fosse adulta". Seguiram minhas recomendações e depois me disseram: "Ela nunca mais falou no assunto".

※ ※ ※

Histórias de índigos

Nosso filho trouxe sua namorada grávida para morar conosco. Chegaram a se casar, mas se separaram quando ainda eram adolescentes. Ela decidiu ter o bebê em outro lugar e se mudou. Foi a fase mais difícil de minha vida. Nosso primeiro neto seria criado por outras pessoas! Por sorte, eles mudaram de idéia e decidiram voltar a morar juntos.

Um mês antes de o bebê nascer, levantei-me pela manhã e estava preparando minhas coisas quando vi algo que parecia ser um pilar de luz em um canto da sala de estar. Fiquei olhando para ele, assustada, até que finalmente desapareceu. Achei que era reflexo da janela ou algo parecido. No dia seguinte, apareceu novamente. Fechei as cortinas e mesmo assim ele continuou ali. Contei ao meu marido quando ele veio tomar o café da manhã, mas ele não acreditou.

O pilar continuou aparecendo todos os dias durante uma semana. Contei a todos em casa, mas ninguém acreditou.

Na segunda-feira da semana seguinte, uma semana depois de tê-lo visto pela primeira vez, o pilar apareceu novamente. Dessa vez, meu marido estava saindo do quarto e também o viu. Ficamos os dois ali parados, olhando para o pilar e algo me disse que se tratava de um anjo enviado para preparar a chegada do bebê. A luz continuou a aparecer durante alguns meses mesmo depois de seu nascimento.

Era uma menina e desde o momento em que a vi percebi que era muito especial, só não sabia quanto. Quando a segurei nos braços pela primeira vez tive uma sensação muito familiar, não apenas por tratar-se de minha neta, mas porque era como se já a conhecesse. Às vezes, tinha a impressão de que era ela que estava me abraçando. Quando estava com três meses, levantava os braços e olhava para o teto. Um dia perguntei a ela se estava vendo o anjo. Sei que pode parecer estranho, mas senti pelo seu olhar que a resposta era "sim".

Quanto mais o tempo passava, mais tínhamos certeza de que se tratava de uma criança muito especial. Tinha sua própria programação para tudo e dormia nos horários mais estranhos. Quando completou um ano e meio me contou que não gostava de dormir e de sonhar.

Aos dois anos encontrou em minhas coisas duas bonecas que eu tinha desde criança. Segurou a maior nas mãos e a chamou de "Olive". Costumava pô-la em pé. Já é impressionante uma criança tão pequenina dizer a palavra "Olive" e, mais ainda, se se pensar que era o nome de minha mãe, de quem quase nunca falávamos diante dela. Minha mãe tinha falecido dois anos antes de Jasmine nascer.

Além disso, a menina costumava dizer "vamos lá, Ed". Ed era o nome de meu pai, que ficou casado com minha mãe por 42 anos antes de falecer.

Para cada atividade, Jasmine precisa ter pelo menos três escolhas. Não gosta que leiam para ela outro livro que não seja Boa noite, Cinderela. Prefere brincar sozinha, assistir a filmes infantis, brincar na areia, mandar beijos para a Lua, abraçar as árvores e aplicar o que chama de "reiki infantil" em pessoas machucadas.

Consegue se lembrar do sangue que a envolvia no útero da mão antes de nascer. Diz que o sangue a incomodava e que não gostava de ficar ali dentro. Aceita bem o fato de que seus pais não moram juntos, ama-os e também as pessoas com quem se casaram. Gosta de crianças e leva a paz aonde vai. Seu nome é Jasmine Brooke VanEtta e tem apenas três anos.

MARY E BILL VANETTA

✳ ✳ ✳

Sou pai de Nicholas, um índigo de dois anos de idade. Desde de seu nascimento, a glândula tireóide de Laura, minha esposa, aumentou de tamanho. Foi a um médico em uma quarta-feira e teve de marcar uma biópsia urgente para a sexta-feira da mesma semana.

Na mesma época, eu estava estudando o programa de Equilíbrio Dubro EMF (veja o Capítulo 5), que trata da energia que circunda todas as pessoas, uma experiência maravilhosa. Achei que seria uma excelente oportunidade de colocar a energia em uso e, enquanto rezava para ela se recuperar, imaginava um colar verde de cura (minha esposa trabalha com jóias) em volta de sua tireóide. Fiz isso diariamente durante a semana em que aguardávamos o resultado do exame. Como não sou tão sensível a esse tipo de energia não podia ver o que havia projetado, mas confiei no processo.

Na semana seguinte, estávamos tomando café da manhã quando Nicholas apontou para o rosto de minha esposa e disse "verde". Como ele podia ver a energia? Fiquei sem ação. Não havia comentado sobre minha experiência, principalmente com meu filho de dois anos, nem com ela, que considerava meu interesse por metafísica um tanto estranho.

Ela imaginou que Nicholas estivesse apontando para seu nariz e foi procurar uma caixa de lenços. Mas ele continuou insistindo: "Mamãe, seu rosto está verde". Só posso presumir que estava vendo o colar de energia verde que eu havia criado para Laura. Nem preciso dizer que era um bom sinal.

No mesmo dia, o médico de Laura telefonou dizendo que já tinha o resultado dos exames e que era negativo.

JOHN OWEN, PAI DE NICHOLAS

✳ ✳ ✳

Sonhei que tinha o poder de atrair folhas de papel para minha mão. Foi tão real que depois que acordei tentei virar as páginas de um livro sem tocá-lo. Aja, nossa filha de seis anos, me viu e perguntou o que eu estava fazendo. "Nada", respondi. Ela perguntou então: "Está tentando virar as páginas sem tocá-las?" Respondi que sim e ela disse: "Precisa fechar os olhos, sentir a energia e o amor de Deus e imaginar que a página virou". Fechei os olhos e, como toda criança, ela virou a página antes de eu abri-los.

CHERYL ROYLE, MÃE DE AJA ROYLE

✳ ✳ ✳

Matthew, sete anos, encaixa-se perfeitamente na descrição de uma criança índigo. Depois que me visitou no Natal do ano passado, enviei a ele uma mensagem pela pessoa com quem me trato, que é intuitiva, a senhora Bobbi Harris. Ele não apenas descreveu as "luzes se movendo acima dele" no escuro, mas também disse que sentiu como se uma onda de eletricidade estivesse passando por seu cérebro duas vezes. Matthew já falou de sua vontade de voltar para Deus e até de cremação.

SUNNY GREENBERG, AVÓ DE MATTHEW

✳ ✳ ✳

Três livros recentes da doutora Doreen Virtue são The Lightworker's Way *(Os trabalhadores da luz) ,* Angel Therapy *(Terapia do anjos),* Divine Guidance *(A luz divina). Como se pode ver, trata-se de alguém que conhece o mundo espiritual. O que ela realmente traz à tona é uma síntese entre espiritualidade e informação prática do mundo real. Apresentamos a seguir um trecho do material. Abordaremos o assunto com mais profundidade no Capítulo 4, em que trataremos de DDA e TDAH e dos aspectos espirituais dos índigos, que também estão relacionados a esses distúrbios.*

※ ※ ※

A tarefa dos pais de uma criança índigo

DOREEN VIRTUE

Minha opinião sobre crianças é bastante eclética. Sou mãe de dois adolescentes, sou psicóloga e fui diretora de um programa de psicodependência juvenil. Estudo metafísica e sou vidente curadora. Trabalho com a linha dos anjos. Mas, acima de tudo, sou como você, já fui uma criança e me lembro de todas as dificuldades emocionais da fase de crescimento.

Você se lembra de ter se sentido um adulto em corpo de criança? Quase todas as pessoas se lembram disso e acredito que seja efeito dos ciclos de reencarnação. Somos todos almas antigas, e, a menos que ocupemos o corpo de um adulto já vivo, temos de começar cada vida como crianças.

O problema é que os adultos costumam tratar crianças como se fossem... crianças. Esquecem-se de que se pode falar com elas da mesma maneira que se fala com adultos. Elas esperam e merecem de nós o mesmo respeito e atenção.

Não é coincidência o fato de termos tido um aumento tão grande de casos de DDA e TDAH no final do milênio. Segundo um estudo realizado pela Universidade Médica Johns Hopkins, em 1996, o número de crianças e jovens que tomam Ritalina (metilfenidato) para o controle do TDAH mais do que dobrou entre 1990 e 1995.

A Drug Enforcement Administration (Administração de Controle de Medicamentos/DEA) – agência norte-americana de controle de medicamentos – informou que as prescrições para o medicamento aumentaram cerca de 600% na última década. Seu uso tornou-se tão comum que em algumas escolas 20% dos alunos tomam Ritalina. O jornalista John Lang os chamou de "Geração Receita Médica" e disse, na época, que se as estatísticas mantivessem o mesmo ritmo de crescimento, o número de crianças em idade escolar utilizando o medicamento superaria a casa dos 8 milhões já no ano 2000.

O problema é que, segundo o que os estudos revelam, a Ritalina melhora o comportamento da criança na escola, mas não em casa. Além disso, considera-se tendenciosa a relutância das forças armadas em recrutar pessoas que tenham tomado o medicamento após os 12 anos. As drogas, com certeza, não são a solução.

Esse aumento tão grande do consumo de medicação psicotrópica demonstra claramente a dificuldade que a população mundial tem enfrentado com as mudanças atuais. Estamos deixando para trás o velho mundo, cheio de competição, inveja e ganância para entrar em uma nova era em que a base das relações é a cooperação, o amor e a consciência de que somos todos um único ser. A energia do passado está cada vez mais sendo substituída pela do novo mundo.

E parece que todas as pessoas, mesmo as menos espiritualizadas, estão percebendo as mudanças. Trabalho como conselheira espiritual e muitos executivos têm me procurado. Querem saber o que está acontecendo e como podem viver de maneira mais calma e com mais harmonia em seu dia-a-dia. São pessoas que havia alguns anos não se preocupavam com informações desse tipo ou com coisa alguma relacionada a fenômenos psíquicos. Mas hoje estão procurando respostas porque aprenderam que o mundo corporativo e os bens materiais não trazem segurança ou felicidade.

Mesmo a população de modo geral está se adaptando às mudanças, mas ainda parecemos estar ligados aos padrões antigos e resistindo às mudanças. Ainda julgamos, competimos e acreditamos em falta de recursos e escassez. Escondemo-nos atrás de etiquetas sociais para evitarmos agir de maneira totalmente honesta para com as pessoas e para com nós mesmos.

As crianças que encarnaram recentemente são diferentes daquelas das gerações anteriores. São chamadas de "crianças da luz", "crianças do novo milênio" e "crianças índigo" por uma boa razão. São muito sensíveis, conscientes e sensitivas, não toleram desonestidade e sabem quando as pessoas estão mentindo.

Podemos imaginar, então, como é difícil para elas se adaptar a um sistema educacional repleto de hipocrisia e concordar com coisas do tipo "vamos fingir que gostamos de estar aqui. Não podemos discutir a maneira como nos sentimos, sendo forçados a vir para este lugar e aprender/ensinar coisas que não temos certeza de terem aplicação prática na vida real".

Em casa, os adultos normalmente tratam as crianças com desonestidade. Escondem tudo delas, desde seus sentimentos até vícios como a bebida, por exemplo. Mas essas crianças intuitivas sempre percebem quando há algo errado e querem falar a respeito. Negar a verdade pode causar nelas uma frustração muito grande, a ponto de ficarem doentes. Elas não sabem lidar com a incongruência entre o que sentem (a verdade) e o que os adultos lhes dizem (mentiras).

As crianças índigo encarnaram com uma missão sagrada: criar uma nova sociedade baseada em honestidade, cooperação e amor. Quando atingirem a idade adulta, o mundo será bem diferente do que é hoje. Não teremos mais violência e competição. Poderemos manifestar abertamente nossas necessidades para não precisar competir. E como iremos recuperar aos poucos nossas habilidades telepáticas, a mentira deixará de existir. Todos irão perceber a ligação que existe entre os seres, e a solidariedade passará a ser a base da sociedade.

Acumulamos um grande débito cármico ao interferir na missão dessas crianças. Devemos ajudá-las a alcançar o sucesso espiritual e para isso temos de agir de maneira muito honesta com elas. Quando lhe perguntarem alguma coisa, por mais estranha ou constrangedora que seja, diga sempre a verdade. Eu sempre peço orientação espiritual quando tenho de falar com meus filhos para dizer a eles a verdade com o maior carinho possível. Se algo o incomoda ao falar com as crianças, diga isso a elas. Não é preciso transformá-las em confidentes, basta agir com honestidade e demonstrar seus sentimentos. Assim, será um modelo positivo e isso mostrará que elas podem confiar em suas emoções.

A CURA ESPIRITUAL PARA O RELACIONAMENTO ENTRE PAIS E FILHOS

Por trás da pergunta que muitos pais me fazem ("O que devo fazer em relação a meus filhos?") vejo sempre uma outra frase: "Gostaria que meus filhos fossem diferentes". Estão confusos porque ainda acreditam que sua missão é fazê-las obedecer.

Quando tentamos fazer com que uma pessoa aja de determinada maneira, estamos exercendo nossa vontade sobre ela. Isso não funciona e quase sempre gera disputas de poder, especialmente no caso das crianças índigo, que são extremamente intuitivas. Assim como os animais, elas sentem o medo por trás de sua ânsia de controlá-las e se rebelam contra suas tentativas de "vencer", pois o seu medo as assusta. Elas precisam se sentir em paz e seguras. Quando as forçamos, tornam-se medrosas e inseguras.

Portanto, quando algo o incomodar em seu comportamento, o primeiro passo é resistir ao impulso de reagir imediatamente. Dê a si mesmo uns cinco ou dez minutos para pensar. Vá para o banheiro ou para qualquer lugar isolado, feche os olhos, respire fundo e peça a intervenção espiritual de Deus, de seus anjos e de seus mestres. Uma técnica bastante eficiente é se imaginar entregando a situação ao Espírito. Costumo imaginar anjos segurando um imenso balde e me vejo colocando nele todos os meus problemas. Aos poucos, sinto a paz me invadir e sei que as soluções virão. Já vi verdadeiros milagres acontecerem quando uso esta técnica.

O segundo é ter em mente as prioridades. Você *escolheu* vir à Terra como um trabalhador da luz durante a chegada do novo milênio e *escolheu* ser pai ou mãe de uma criança índigo. Essas missões são prioridade absoluta em sua vida e nada pode ser mais importante. Quando tiver desencarnado e analisar sua vida aqui na Terra, irá se lembrar de todos os momentos em que ajudou seus filhos a se desenvolverem e não que sua cozinha ficou em ordem ou se eles tiraram boas notas na escola. Somente o amor importa.

O terceiro passo é visualizar o tipo de relacionamento que deseja ter com seu filho. Sempre aconselho os pais a fazerem isso, e os resultados são muito bons. Lembro-me de uma cliente que já não sabia mais o que fazer com a filha. Reclamava o tempo todo sobre seu "mau" comportamento. Interrompi a mulher no meio de uma frase e disse a ela: "Está me dizendo que sua filha tem muitos defeitos. É isso mesmo o que quer dela?"

Ela me olhou como se eu fosse louca e disse: "Mas é claro que não!"

"Bem", expliquei, "tudo o que afirmamos categoricamente acaba se tornando realidade. Você diz que sua filha se comporta mal e, enquanto afirmar isso, é o que vai acontecer".

Como ela conhecia os princípios da metafísica, entendeu imediatamente o que eu quis dizer. Tinha de mudar seu modo de pensar. Ajudei-a a visualizar sua filha sendo carinhosa, meiga e tudo o que ela desejava que fosse. Imaginou-se indo com a menina ao cinema, por exemplo, e visualizou cada detalhe. Alguns dias depois, ela me disse que a filha estava se comportando exatamente da maneira que havia imaginado. A cura foi imediata e já dura vários anos.

Algumas pessoas podem se perguntar se isso não é uma forma de exercer controle sobre a criança. Em minha opinião, o método de visualização é produto da consciência de que somos todos um único ser. Não existem indivíduos, apenas uma ilusão de que somos diferentes. A visualização simplesmente revela que somos a imagem de nossos próprios pensamentos, sentimentos e expectativas.

Afinal, não nos comportamos de maneira diferente com cada pessoa? Não somos "mais simpáticos" com quem demonstra gostar de nós? Nosso humor não muda quando estamos próximos de "pessoas negativas"? Pois o mesmo acontece com nossos filhos. Quando os imaginamos como as crianças sagradas, felizes e perfeitas de Deus que são, elas passam a demonstrar essas qualidades.

MUDE A FREQÜÊNCIA DO AMBIENTE QUE ENVOLVE SEU FILHO ÍNDIGO

Em qualquer farmácia de manipulação ou de medicamentos naturais é possível encontrar "remédios" à base de ervas para TDAH que podem funcionar muito bem. Na verdade, tudo em que *acreditamos* acaba funcionando.

Pessoalmente, não sou favorável ao uso de tratamentos externos, mas isso não quer dizer que as pessoas que utilizam recursos como medicamentos ou aromaterapia não o façam com boas intenções. Não desejo ser mal interpretada quanto a isso. É que minha filosofia parte do princípio de que todas as doenças são mera ilusão. A partir do momento em que as diagnosticamos ou iniciamos um tratamento, nós as tornamos reais e até mais sérias.

Por isso é importante que não julguemos ou consideremos nossos filhos como "problemáticos". Até mesmo o termo criança índigo deve ser utilizado com parcimônia para evitar rotulá-la como especial ou diferente. Todas as crianças de Deus são iguais, pois somos todos iguais. A única diferença é que, neste mundo materializado em que imaginamos ser separados, as crianças índigo têm uma missão a cumprir. São literalmente as crianças do futuro encarnadas em um planeta ainda muito ligado ao passado.

Consideremos então as crianças índigo como seres evoluídos e respeitemos os anjos dentro delas, como costuma dizer o médium Kryon, assim como respeitamos os que estão dentro de nós e dos outros. Dividamos com Deus a paternidade delas.

Aprendi em minhas conversas com Deus e com os anjos que devemos cuidar muito bem de nosso corpo. O motivo nada tem a ver com estética ou vaidade, mas sim com o fato de que corpos bem cuidados e alimentados são mais receptivos à orientação divina. Diversas culturas orientais e a escola de filosofia pitagoreana (o berço da metafísica moderna e da cura espiritual) pregam que se deve ter uma dieta natural e com pouca ou nenhuma ingestão de carne. O motivo é que os alimentos têm freqüências vibracionais. Os de freqüência mais alta ajudam o corpo a manter uma taxa vibracional mais alta, o que ajuda a pessoa a se concentrar com mais facilidade em seu estado real e natural. Quanto maior a freqüência, maior a receptividade das habilidades intuitivas às mensagens de Deus, de nossos espíritos guias e dos anjos.

Alimentos frescos e naturais como verduras, frutas e brotos têm as freqüências vibracionais mais altas, enquanto os produtos mortos, congelados ou cozidos em excesso têm as mais baixas, assim como o açúcar, colorantes alimentícios, conservantes e pesticidas (que têm a energia da morte) presentes em alimentos não orgânicos.

Podemos ajudar nossos filhos a manter a freqüência espiritual mais alta, necessária à Nova Era, oferecendo a eles uma dieta vegetariana variada e sem produtos químicos. Na verdade, trata-se da dieta recomendada para o tratamento de TDAH.

A mídia (*outdoors*, televisão, revistas, filmes, rádio, Internet e jornais) também tem sua freqüência vibracional. Informações que transmitem negatividade, medo ou escassez têm freqüência mais baixa. Já as informações relacionadas ao amor espiritual verdadeiro têm a mais alta. Devemos manter nossos meios de comunicação nos níveis de freqüência o mais altos possível em casa. Portanto, noticiários, jornais e revistas com notícias negativas devem ser evitados. Peça ajuda espiritual e divina para que seus filhos se mantenham longe da mídia negativa. Preces funcionam melhor e mais rápido do que repreensão.

O poder do perdão também pode fazer milagres em todas as áreas de nossa vida, especialmente na dos relacionamentos. No livro *Um curso em milagres*[1] o autor menciona que "não devemos nos esquecer de que todas as formas de sofrimento podem piorar mediante um simples pensamento vingativo e que não há sofrimento que o perdão não cure". Criar uma criança índigo pode ser uma tarefa bastante difícil para pais que têm dificuldades de relacionamento ou que são divorciados. Após um estudo de um ano e meio sobre relacionamentos familiares e TDAH, Patrick J. Kilcarr, Ph.D. e Patricia O. Quinn, médica, chegaram à seguinte conclusão:

Os dois fatores mais críticos parecem ser a atitude e a confiança do pai em relação aos filhos. Mães normalmente têm mais facilidade para expressar amor pelos filhos, principalmente por aqueles mais dependentes, como é o caso dos portadores de TDAH. Os pais, por outro lado, especialmente quando não compreendem a manifestação do distúrbio, podem mostrar frustração em relação às crianças, o que causa nelas diversos problemas emocionais.

Muitos pais que entrevistamos tiveram dificuldade em determinar quais tipos de comportamento estavam associados ao TDAH e quais eram naturais em seus filhos. Isso fez com que se sentissem ainda mais frustrados e focassem apenas os aspectos problemáticos do comportamento deles, gerando um ciclo interminável de interações negativas. Já os pais que demonstravam ter conhecimento dos efeitos do TDAH em seus filhos conseguiam evitar esse ciclo destrutivo, concentrando-se nos aspectos positivos de seu comportamento.

Não quero, com isso, dizer que os pais são culpados pela situação. Na verdade, percebi que quando a mãe de uma criança índigo culpa o

---

1. Originalmente publicado pela Penguin Arkana, *A course in miracles* foi traduzido para o português pela Editora Abalone, São Paulo, em 1995. (N.E.)

pai por alguma coisa, a situação se torna ainda pior. É importante que todos os que convivem com a criança perdoem um ao outro, os professores, os médicos, a criança e a si mesmos.

Enquanto nos recusarmos a perdoar, estaremos ligados à energia antiga e presos a um universo paralelo governado pelo ego, onde os problemas e o caos são dominantes. Mas quando nos propomos a perdoar a nós mesmos e a todas as pessoas, retornamos ao verdadeiro mundo do amor e do Espírito em que tudo é cura e harmonia. Por sorte, não é preciso *tentar* perdoar, basta *desejar* fazê-lo. Esse singelo desejo já é suficiente para que a luz do Espírito nos cure de todas as falsas ilusões a que nos entregamos.

As crianças índigo são um presente para o mundo, e se os pais passarem a ver os problemas por meio da visão interna e espiritual eles terão resolução. Seus filhos estão aqui para ensiná-lo e vice-versa. Conversar com eles de coração aberto fará com que você aprenda muito sobre as verdades espirituais deles e estabeleça uma profunda relação de confiança. Não devemos nos esquecer de que Deus é o verdadeiro pai das crianças índigo. Se pedirmos Sua ajuda nos momentos de dificuldades, a tarefa de criar nossos filhos passará a ser prazerosa e de grande aprendizado, muito enriquecedora para nosso objetivo espiritual(5).

✳ ✳ ✳

Evolução espiritual

Especialistas em metafísica afirmam que as novas crianças que estão nascendo têm maior consciência espiritual. Isso não significa que todos os índigos se tornarão grandes mestres ou guias espirituais, mas simplesmente que são diferentes de nós quando nascemos.

Mas, se isso é verdade, qual o motivo dessa mudança? Segundo esses especialistas e fontes espirituais, essas crianças eram há muito esperadas e representam a prova da evolução humana em relação à "energia velha" das gerações anteriores. São almas antigas que vieram para trazer paz e esperança ao planeta, começando por seu lar. Preocupam-se mais com sua família do que as crianças em geral e demonstram ter sabedoria além do normal. Nascem com instintos humanitários e os demonstram desde pequenos. Sabem quem são e que representam um passo adiante na evolução. Acredito que você, assim como nós, deseja ajudar esses pacificadores a cumprir sua missão. Queremos que sejam exatamente o que devem ser: a esperança de um planeta muito melhor.

Muitos historiadores espirituais e religiosos que acompanham de perto esse fenômeno planetário acreditam que ele seja a realização de muitas profecias. É uma mudança na humanidade que vai muito além da simples transição para o novo milênio. Anula algumas das antigas profecias sobre as grandes desgraças e reforça o conceito de que os seres humanos podem modificar seu destino eliminando o medo e o ódio. Mostra que a destruição prevista para o ano 2000 não tinha mesmo de acontecer.

※ ※ ※

A melhor maneira de introduzir o próximo capítulo é pela história da reverenda **Laurie Joy Pinkham**, mãe e especialista em educação infantil, graduada pela Universidade de New Hampshire e também erudita em assuntos espirituais.

Ela conta algumas experiências e dificuldades de suas crianças índigo e, embora trate do assunto sob a perspectiva espiritual, menciona aspectos como DDA e TDAH. Mas, afinal, por que mencionamos esse distúrbio com tanta freqüência? Qual sua relação com as crianças índigo?

Segue a história de Laurie. Lembre-se dela quando começar a ler o próximo capítulo, que trata de Ritalina, do diagnóstico de DDA e de sugestões de tratamentos alternativos para os índigos que são erroneamente diagnosticados como portadores do distúrbio.

※ ※ ※

Meus queridos índigos!

LAURIE JOY PINKHAM

Meus dois filhos e três netos são índigos. Meus filhos nasceram nos anos 70 e meus netos na década de 90. Criá-los não foi uma tarefa fácil. Sempre soube que eram diferentes, inclusive em relação um ao outro.

Mark, o mais velho, sempre foi mais sensível e gostava de se isolar. Quando pequeno, "conversava" durante horas com seu móbile e bichinhos de pelúcia no quarto. Não gostava de ser pego no colo ou abraçado. Preferia a companhia dos guias "invisíveis" e o aconchego de seu berço.

Demonstrou desde cedo sua habilidade verbal e já dizia frases inteiras quanto tinha um ano e meio. Aos dois anos já era um ás em jogos como Legoâ e adorava música, principalmente Mozart, Chopin, Beethoven e barroca.

Scott, o mais novo, era muito apegado a mim e parecia não gostar de ter vindo para este mundo. Chorou o tempo todo durante os três primeiros anos de vida e nos primeiros nove quase não dormia. Tive de carregá-lo comigo para todos os lugares. O calor do meu corpo e as batidas de meu coração pareciam ser as únicas coisas que o tranqüilizavam e somente assim ele conseguia dormir um pouco.

Mas meu maior problema era o fato de não ter nenhum tipo de referência ou ajuda. Observava os outros pais e me perguntava o que havia de errado com meus filhos. Por que agiam de maneira tão diferente? Não tínhamos amigos próximos porque, como nossas crianças eram diferentes do "padrão", ninguém nos convidava para sair ou para fazer visitas. Vivíamos isolados.

Sempre gostei muito de crianças e sabia que teria pelo menos duas. E foi estudando para compreendê-las que me tornei especialista em educação infantil. Em 1980, passei a dirigir um programa de proteção à criança e tive contato com crianças de todos os níveis culturais. Elas me contavam histórias sobre anjos, guias e amigos imaginários. Gostava de ouvi-las e ficava contente ao pensar que algum dia seriam consideradas crianças normais e que suas histórias seriam uma realidade aceita por todos.

Meus dois filhos tinham experiências diferentes do padrão considerado normal. Scott me acordava no meio da noite para ir até o jardim e olhar as espaçonaves que via. Eu tinha de me levantar da cama, ir com ele e ficar ouvindo sua descrição. É claro que eu não via coisa alguma, mas sabia que era importante para ele e não podia deixá-lo sair no meio da noite sozinho pois ainda era muito pequeno. Até os catorze anos ele sempre me contava tudo o que sabia sobre fenômenos metafísicos.

Mark também me chamava ao seu quarto durante a noite para perguntar se eu via os astronautas ou os discos voadores que estavam lá fora. Não via, mas queria muito poder ver. Hoje, quando penso em tudo isso, percebo que meus filhos ajudaram a despertar em mim um novo tipo de consciência.

Em 1984, Scott, que estava tendo muitas dificuldades na escola, recebeu o diagnóstico de TDAH. Como não entendia do assunto, comecei a pesquisar a respeito. Descobri então que Mark também tinha o perfil de DDA, mas sem o fator hiperatividade. Era o início de um novo tipo de relacionamento entre nós, pois tive de tentar entender e me esforçar ao máximo para tornar nossa vida o mais tranquila possível. Mas foi um período muito difícil, pois não havia muita informação ou recursos na época.

Como gostavam da maioria dos esportes, praticávamos juntos e isso ajudou a nos aproximar e lhes fazia muito bem. Como foram discriminados durante toda a sua juventude, os esportes eram sua válvula de escape. Não entendíamos por que seus colegas se afastavam deles e isso nos causava muita tristeza.

Tentamos diversos tipos de medicamentos, que funcionaram durante algum tempo. Ritalina e *Dexedrine* eram os mais indicados naquela época. Não havia médicos homeopatas em nossa cidade, e a medicina alternativa ainda não era bem aceita ou mesmo tão acessível em 1983. Procuramos diversos especialistas na tentativa de encontrar algumas respostas, mas tudo o que conseguimos foram conselhos sobre mudança de regras e comportamento que não davam certo e só causavam mais problemas em nossa estrutura familiar.

Com o tempo, descobri que aceitar suas diferenças era o primeiro passo para ajudá-los. Afinal, muitos DDAs e TDAHs vieram depois deles. Ajudei a criar um grupo local de apoio a pais de crianças que enfrentavam o mesmo problema, que acabou se transformando na sede de New Hampshire do instituto Children with Attention Deficit Disorder/CH.A.D.D. (Crianças Portadoras de Distúrbio de *Deficit* de Atenção)(65). Foi uma experiência gratificante poder trocar experiências com outros pais e conversar sobre as frustrações e tentativas fracassadas de solucionar o problema.

Mas quando meus filhos começaram a crescer ficou mais difícil ajudá-los. O comportamento adolescente associado aos diagnósticos médicos e aos distúrbios que apresentavam tornavam a situação cada vez mais complicada. O sistema educacional da época não oferecia recurso algum, apenas punição. Os professores não entendiam seu comportamento e tentavam de todas as maneiras controlá-los.

Quando Mark fez 15 anos, pediu para ir morar na casa de um amigo e decidimos deixá-lo fazer a tentativa. As coisas não estavam bem em nossa casa e pensamos que a separação poderia ajudar, mas o que ocorreu foi justamente o contrário.

Começou a agir de maneira tão irregular que foi levado para uma instituição correcional de menores, o que tornou a situação ainda pior. Foi enviado para lá por seu comportamento impulsivo e por querer ser como as outras pessoas. O problema é que não entendia as conseqüências de seus atos. Cometia erros, mas não percebia que teria de pagar por eles. Começou a praticar uma série de delitos. O primeiro foi o roubo de um livro sobre runas em uma loja e mais tarde o do carro do pai de um amigo.

Mesmo após ter saído da instituição, continuou se envolvendo em situações complicadas por alguns anos. Ainda não tinha entendido que todas as suas ações tinham uma reação correspondente. Tornou-se um garoto frio e triste. Quanto a mim, não sabia como ajudá-lo sem causar ainda mais transtornos de comportamento. Sabia que no fundo ele era uma pessoa excelente, mas lidar com todos os problemas de comportamento de um DDA e seus hormônios estava além de minha capacidade.

Scott, o mais novo, também foi um garoto difícil. Ele se saía muito bem em tudo o que se relacionava com esportes e artes, principalmente hóquei, música, escrever histórias, mas as matérias regulares eram um problema para ele. Era extremamente competitivo e queria sempre vencer, tanto em jogos quanto em discussões.

Em 1991, visitei Mark no apartamento onde foi morar com alguns amigos e levei uma cesta com alimentos. (Na última vez que os tinha visitado havia apenas salsichas e cerveja na geladeira e pão para cachorro-quente na cozinha.) Quando cheguei havia uma estátua de Cristo no alto da escada e me lembrei de que era de uma igreja próxima.

Como todos estavam envolvidos no furto, disse que tinham 48 horas para devolver a estátua à igreja ou chamaria a polícia. Passei a telefonar todos os dias para a igreja, mas a estátua não foi devolvida.

Algum tempo depois, telefonei para a polícia e informei onde a estátua estava. Eles foram até o apartamento, pegaram a estátua e prenderam Mark. Como não era mais menor de 18 anos, ficou preso na cadeia comum por um ano.

Quando penso em tudo o que aconteceu, chego a algumas conclusões interessantes. Mark foi solto sob fiança, ficando na dependência de uma audiência com o juiz. "Faltou" a ela e foi novamente preso em 11 de janeiro de 1992, às 11:11, uma data importante em termos metafísicos, quando um portão espiritual para o conhecimento se abriu.

Cinco meses depois, Scott não suportou mais a culpa que sentia e confessou ter roubado a estátua e a levado para o apartamento de Mark. Foi ao tribunal, confessou ao juiz que tinha sido o culpado e foi enviado para o abrigo penal por 90 dias.

Meu casamento também estava no fim. Meu marido e eu não tínhamos idéia de como ajudar nossos filhos. Hoje, quando analiso a situação, vejo que a separação também foi uma abertura em minha vida. Tudo aconteceu (denunciar meu filho, me separar de meu marido, o fato de a polícia ter ido buscar Mark durante a celebração do 11:11 e meu despertar espiritual) quando me tornei praticante de reiki em 1988. Agora sei que meu filho e eu tínhamos uma espécie de contrato. Hoje falamos disso abertamente e com bom humor. Superamos aquela fase difícil de nossa vida e sabemos que podíamos ter feito tudo de maneira diferente, mas foi o caminho que escolhemos.

Em 1997, Mark foi novamente para a cadeia por dirigir perigosamente – excesso de velocidade – e fugir após ter causado um acidente e por multas não pagas. Enquanto estava preso, fui orientada a não visitá-lo. "Disseram-me" que deveria esperar e deixar que entendesse por si mesmo as conseqüências de seus atos e que era um período de aprendizado que iria prepará-lo para seu próximo despertar.

Seis meses antes de ser solto, fui orientada a lhe enviar livros. Enviei todos os do médium Kryon e Lee Carroll e também *Conversations with God* (Conversas com Deus). Ele leu todos, pois era uma maneira de fazer o tempo passar mais rápido, e os emprestou aos colegas de cela. Após a leitura, começaram a discutir o assunto! Senti como se nossos espíritos estivessem formando um grande circulo: tornei-me mais aberta à idéia da existência de seres de outros planetas, mentores e anjos, ele começou a aprender sobre a espiritualidade na cadeia e tornou possível o despertar de seus colegas. As coisas acontecem de maneira imprevisível! Hoje, fora da cadeia, Mark também é praticante de reiki, está trabalhando, tem duas filhas, Kathryn e Emma, e vê a vida de uma forma diferente. Luta contra os aspectos diferentes de sua personalidade mas está mais aberto para a compreensão de si mesmo. Estou certa de que veio para ajudar às outras crianças índigo e ser pai de duas jovens que vieram para ajudar a mudar o mundo.

Scott trabalha na área médica e tem uma filha, Kayley, que chamo de "Kibit". Soube quando ela nasceu mesmo estando em outra parte do país. Voltei correndo e não me surpreendi quando recebi o recado que Scott me enviou do hospital. Consegui chegar em tempo para assistir ao parto. Senti como se ela "falasse" comigo logo depois de nascer. Como estava muito fraca, ia ser levada para a internação no andar de cima. Segurei-a em meus braços e disse a ela que não se sentisse culpada se precisasse voltar ao mundo espiritual. Ela pareceu dizer que estava aqui para me ver e que demoraria quatro meses para nos encontrarmos novamente. Era como se nos comunicássemos através do olhar.

Scott e eu tivemos uma discussão e somente quatro meses depois pude ver e segurar Kibit novamente. Ele me contou que tinha a sensação de que ela captava seus pensamentos e que olhava fixamente para ele o tempo todo. Conforme crescia, demonstrava claramente sua independência e sua habilidade verbal. Conseguia formar frases com pouco menos de um ano e meio. Sabia de onde tinha vindo e me contou, sentada em seu berço e falando comigo através do olhar.

Scott também era um garoto de "sorte" sabia quando algo estava para acontecer e quase sempre acertava. Conversámos muito a respeito de Kayley e sabemos que ela também é diferente.

Antes de o assunto crianças índigo começar a ser comentado, ninguém sabia quem eram essas crianças tão diferentes, normalmente incompreendidas e com habilidades especiais. Tenho muita esperança nessa geração. Eles sabem o que querem, o que são e não têm o menor problema em comentar o assunto. Falam com naturalidade sobre o fato de já terem estado aqui e sobre quem foram. Kayley sempre conversa comigo sobre isso. Fala de seus anjos, mentores e de suas mensagens. Quando Scott a ouve falar compreende o porquê de ter sofrido tanto durante a infância.

Emma, filha de Mark, ainda é bem pequena mas já mostra sinais de ser índigo. Já fala e tem habilidade motora muito desenvolvida. Seu corpo é longo e flexível, seus olhos são muito vivos e ela aponta sempre para seres invisíveis que obviamente ainda não consigo ver. Mas ela me diz que estão ao meu redor e que são meus mentores e anjos. Emma ri e fala com eles, depois me olha nos olhos e, sem dizer uma palavra, me faz perceber quem sou.

A outra filha de Mark, Kathryn Elizabeth, fala sempre de seu anjo da guarda. Depois vai brincar com as outras crianças, cavando túneis na areia e falando do futuro.

Fiquei muito contente ao descobrir que meus filhos foram verdadeiros presentes em minha vida. Nossos laços se estendem através da eternidade e consigo vê-los em minhas netas. Amo-os todos e digo sempre que são muito especiais. Fico grata por termos passado por todas as situações difíceis porque elas nos aproximaram. Sei que meus filhos ajudaram a abrir o caminho para muitas outras crianças. Despertaram meu espírito em sua jornada e trouxeram minhas netas para este mundo. E elas sabem exatamente quem são!

※　※　※

Mais histórias de índigos

Um dia, quando minha filha Marlyn tinha três anos, estávamos fazendo juntas uma prece que começa com "Com Deus eu me deito...". Quando terminamos, ela perguntou qual era minha prece predileta e me pediu para dizê-la em voz alta. Comecei a rezar e ela me acompanhou desde o início. Não me lembrava de tê-la ensinado aquela oração e imaginei que deveria tê-la aprendido em outra vida. Perguntei a ela e a resposta foi: "Sempre fiz esta oração". Fiquei muito contente.

Em minha família, sempre discutimos o fato de algumas dessas lembranças serem muito fortes durante a infância e que é importante respeitá-las. Embora não tenha tido irmãos e quase nenhum contato com crianças, sempre considerei o fato como normal até que alguns amigos começaram a me dizer que não é.

Certa vez, estávamos no carro de uma amiga conversando sobre um templo que freqüentamos. Algumas pessoas estavam agindo de maneira muito egoísta, e o dirigente da organização estava tentando fazer com que enxergassem a verdade. Marlyn interrompeu nossa conversa para dizer que deveríamos tentar entender melhor aquelas pessoas e também "a verdade" (referindo-se ao dirigente). Minha amiga ficou muito surpresa, mas como eu sei que Marlyn é uma alma antiga, é muito natural para ela identificar esse tipo de necessidade.

TERRY SMITH, MÃE DE MARLYN (12 ANOS DE IDADE)

❊   ❊   ❊

Minha filha Stef, de 15 anos, mora comigo em uma cidade do interior da Holanda, em uma comunidade religiosa e tradicional. Mas temos liberdade para discutir e falar sobre nossas idéias.

Um dia estávamos conversando sobre o que as crianças em sua escola pensavam sobre o paraíso e ela me disse: "Paraíso é uma forma bastante limitada de descrever o local para onde vamos após a morte. Deus ainda não parou de criar o universo e por isso tudo se modifica o tempo todo. Ele está preparando as pessoas para amá-lo cada vez mais".

Começamos então a falar sobre destino e ela disse: "Deus não sabe o que vamos fazer. Ele nos criou com amor e sabedoria, portanto temos de fazer aquilo que achamos ser certo. Todos temos um destino, mas quem quer segui-lo? Não está nos planos de Deus que demos uma surra em alguém, por exemplo. Isso é uma questão de escolha. Ele teve uma idéia e criou a humanidade. A humanidade tenta captar essa idéia. Neste momento, sou a idéia e sou humana. Eu sou parte de Deus e da criação e portanto sou o Criador e a própria Criação".

LAURIE WERNER, MÃE DE STEF (15 ANOS DE IDADE)

✳ ✳ ✳

Nossas crianças índigo

Olho em seus olhos e me surpreendo
Tanta sabedoria e consciência, quero ver se a compreendo.

Sinto que nos conhecemos, que já nos encontramos.
De onde você veio? Não importa. Nós a amamos.

Você se lembra de outras eras,
De estranhas e distantes terras?

Não se zangue quando não a entendemos
Sua mensagem um dia captaremos.

Sabemos quem é e por que escolheu vir.
Para nos ensinar e ajudar a evoluir.

Sei que você não se sente como nós e parece perdida.
Não fique triste. Ao nosso lado estará sempre protegida.

Nossa família está, em corpo e mente, reunida.
Sabemos quem você é, e que faz parte de nossa vida.

Nós a amamos e você nos faz sentir amados.
Toca nosso coração e nos faz sentir amparados.

Por que, filhinha, escolheu nascer entre nós?
Para que o mundo possa ouvir sua voz.

Você nos trouxe muita paz e muito carinho.
É nossa querida índigo, e nos ajuda a seguir nosso caminho.

DE MARK DENNY
PARA SUA FILHA SAVANNAH (DOIS ANOS DE IDADE)

QUESTÕES SOBRE SAÚDE

ESTE CAPÍTULO NÃO É ESPECIFICAMENTE SOBRE DDA (Distúrbio de *Deficit* de Atenção), nem tampouco sobre o TDAH (Transtorno de *Deficit* de Atenção com Hiperatividade) ou, ainda, sobre seus sintomas. Há muita informação a respeito do assunto e não somos especialistas nem temos conhecimento necessário para falar profundamente a respeito. No entanto, visto que a droga Ritalina tem sido amplamente utilizada no tratamento de crianças que podem simplesmente ser índigo, achamos importante mencioná-la.

Se o leitor veio direto a este capítulo esperando encontrar tratamentos alternativos, não medicamentosos, para crianças que têm realmente DDAs ou TDAHs, acreditamos que algumas das sugestões apresentadas podem ser úteis, no caso. Nosso objetivo aqui é falar sobre as crianças diagnosticadas erroneamente como portadoras da síndrome, quando, na verdade, são crianças índigo. A maioria dos tratamentos indicados para DDA também é eficaz para os índigo, principalmente no que diz respeito a nutrição e comportamento.

Algumas informações já mencionadas neste livro:

1. Nem todas as crianças índigo são DDAs ou TDAHs;

2. Nem todas as crianças DDA ou TDAH são índigo.

Antes de continuar, gostaríamos de mencionar alguns especialistas e pesquisadores desses distúrbios que têm ajudado a humanidade com suas obras. Existem muitos deles, mas selecionamos alguns *bestsellers* que já ajudaram milhões de pais. Talvez após a publicação deste livro a lista se torne muito maior e você poderá encontrá-la em nosso *site* www.indigochild.com.

Literatura recomendada:

1. *Tendência à distração*, do médico Edward Hallowell. Considerado o melhor livro da área médica sobre DDA(58).

2. *Helping Your Hyperactive ADD Child* (Como ajudar seu filho com DDA e hiperatividade), de John F. Taylor. Outra referência na área que trata especificamente de DDA e TDAH(59).

3. *Raising Your Spirited Child* (Seu filho é diferente?), de Mary Sheedy Kurconka. Aborda diferentes maneiras de os pais lidarem com alguns sintomas(60).

4. *The A.D.D. Book* (DDA), do médico William Sears e Lynda Thompson, Ph.D. Escrito por um pediatra e uma psicóloga infantil, o livro descreve tratamentos sem drogas para crianças com DDA(61).

5. *Running on Ritalin* (Ritalina e seus efeitos), de Lawrence Diller. Literatura recomendada, principalmente se os seus filhos estiverem tomando o medicamento(62).

6. *No More Ritalin: Treating ADHD Without Drugs* (Chega de Ritalina: tratamentos para TDAH sem drogas), de Mary Ann Block. Trata justamente do tema deste capítulo(63).

7. *Ritalin: Its Use and Abuse* (Ritalina: uso e abuso), de Eileen Beal (no prelo até a primeira edição deste livro, mas provavelmente já disponível.)(64).

Já existem organizações que tratam especificamente de crianças com DDA. Na época em que estávamos concluindo a preparação deste livro, a mais conhecida era a Children with Attention Deficit Disorder/ **CH.A.D.D.** (Crianças com Distúrbio de *Deficit* de Atenção)(65), que dispõe de informações nos Estados Unidos e tem sido referência no assunto. Possui um *website* que pode ser consultado.

Outra organização que devemos mencionar é a **Network of Hope**(66), uma corporação sem fins lucrativos com sede na Flórida e fundada por cidadãos engajados. Alguns de seus lemas extraídos de seu *website* são: "Nossas crianças são nossa maior riqueza"; "Somos um grupo norte-americano preocupado com as pessoas e nosso objetivo é ajudar famílias".

Curar ou dopar?

Até agora apresentamos diversos casos de pais extremamente preocupados ao perceber que seus filhos, diagnosticados como portadores de DDA, não possuem exatamente esse perfil. Muitos já utilizaram medicamentos recomendados para o tratamento. Mas ainda permanece a questão: isso ajuda mais às crianças ou aos pais? A maioria das crianças que fazem uso da droga parece realmente mais calma e conformada, mas será que isso não acontece porque a "consciência" de sua verdadeira identidade é parcialmente apagada de sua mente?

Este capítulo é para os pais que não têm certeza se seus filhos são DDAs ou índigos. Apresentamos algumas informações fornecidas pela doutora **Doreen Virtue** sobre esses diagnósticos e sobre tratamentos alternativos para DDA, dos quais ouvimos falar durante nossas pesquisas e que também podem ajudar os índigos que têm problemas com o mundo ao seu redor.

✵ ✵ ✵

Criança obediente é criança saudável?

DOREEN VIRTUE

Crianças índigo são normalmente diagnosticadas como portadoras de TDAH por se recusarem a obedecer aos adultos. Os filmes de Clint Eastwood em que a personagem demonstrava toda a sua rebeldia eram aplaudidos por todos, mas crianças que apresentam esse tipo de comportamento acabam sendo dopadas.

O terapeuta Russell Barkley, autor de *Hyperactive Children: A Handbook for Diagnosis and Treatment* (Crianças hiperativas: um manual para o diagnóstico e tratamento)(67), afirma que "Embora a falta de atenção, a hiperatividade e a falta de controle dos impulsos sejam os sintomas mais freqüentes de crianças hiperativas, meu trabalho com elas indica que a falta de obediência também é um problema".

Trabalhei com psiquiatria durante muito tempo e no início de minha carreira fui assistente de um famoso psiquiatra. Todos os dias, sua sala de espera ficava cheia de pessoas que esperavam pacientemente, enquanto ele se atrasava mais de uma hora para chegar. Demorava no máximo dez minutos com cada um e anotava tudo o que diziam. Ao final da sessão, prescrevia medicamentos.

Devo admitir que, no início, discordava de seus procedimentos por ministrar medicamentos em vez de conversar com seus pacientes. Mas depois percebi que ele estava simplesmente fazendo o que os médicos fazem. Se damos a alguém um martelo, a pessoa vai querer usá-lo. Ao procurarmos um médico, ele invariavelmente prescreverá medicamentos a tudo o que nos incomoda. Isso me lembra um velho ditado muito comum em minha terra: "Não tente ensinar um porco a cantar, pois vai perder seu tempo e irritar o porco". Ou seja, não adianta tentar modificar as pessoas. Não é de surpreender que quando os educadores se cansam da desobediência das crianças e pedem aos pais que as levem a um psiquiatra ou médico eles logo prescrevam Ritalina.

Contudo, alguns psiquiatras condenam o uso do medicamento. "Ritalina não corrige os desequilíbrios bioquímicos do corpo. Ela os estimula", diz o doutor Peter R. Breggin, diretor do Centro Internacional de Estudos de Psiquiatria e Psicologia, professor e membro do Conselho da Universidade Johns Hopkins(68). Ele afirma que:

O diagnóstico de TDAH é controverso e sem nenhuma base científica ou médica. Não há o menor problema quando pais, professores ou médicos descartam o diagnóstico e se recusam a submeter as crianças ao tratamento.

Não há provas de que haja qualquer tipo de anormalidade ou desequilíbrio bioquímico conhecido pela ciência no cérebro ou no corpo das crianças chamadas DDAs.

E completa dizendo que existem evidências de que a Ritalina causa danos permanentes ao cérebro e suas funções, reduzindo o fluxo cerebral de sangue e retardando seu desenvolvimento.

Não são as crianças que têm problemas, mas sim o mundo em que vivemos... Quando passam a viver em um ambiente melhor, mudam rapidamente seu comportamento. No entanto, após viverem rodeadas por um sistema social tão confuso e desordenado, podem se tornar destrutivas e internalizar sua dor ou adotar um padrão compulsivamente rebelde de comportamento. Jamais devem ser tratadas como doentes ou problemáticas, pois a causa principal de seus problemas está normalmente dentro de casa ou na escola.

Ensiná-las a ser responsáveis por sua conduta pode ajudar muito. O que não podemos fazer é culpá-las pelos traumas e estresse a que são expostas. Elas precisam de estímulo e não de diagnósticos que as coloquem em posição humilhante ou de drogas que lhes prejudiquem o cérebro. E acima de tudo, desenvolvem-se plenamente quando os adultos se preocupam em satisfazer suas necessidades básicas.

AS DIFERENTES MANEIRAS DE SE TRATAR UMA CRIANÇA ÍNDIGO

A primeira coisa que devemos fazer é evitar ter contato e expor nossos filhos à energia antiga que ainda habita nosso mundo em vez de simplesmente medicá-los ou forçá-los a se adaptar ao regime social. Há alternativas para fazer com que uma criança índigo se desenvolva de maneira equilibrada.

Mary Ann Block, autora de *No More Ritalin: Treating ADHD Without Drugs* (Chega de Ritalina: tratamentos para TDAH sem drogas) (63), por exemplo, trata as crianças diagnosticadas com DDA tentando entender sua maneira diferente de pensar. Já observou que quase todas utilizam mais o lado direito do cérebro, ou seja, que são mais voltadas para atividades visuais, criativas, artísticas, físicas e espaciais. Nosso sistema educacional foca o uso do lado esquerdo e não combina com esse padrão de pensamento.

A doutora afirma: "As crianças tendem a ser táteis". Isso significa que aprendem melhor quando usam as mãos. Nos primeiros anos escolares, conseguem compensar a diferença metodológica porque são muito inteligentes, mas do quarto ano em diante os professores ficam normalmente à frente da classe explicando teorias, escrevendo no quadro negro ou cobrando tarefas e as crianças apenas anotam e fazem exercícios escritos. Mas esse tipo especial de criança tem dificuldades para aprender assim. A doutora Mary Ann explica isso:

> *Embora sejam plenamente capazes de ver e ouvir as informações transmitidas, seu cérebro não as processa por intermédio dos sentidos. Tentam aprender o que está sendo ensinado, mas como tendem a captar tudo pelo tato, acabam pegando um lápis e brincando com ele, colocando-o e tirando-o do bolso ou tocando a criança sentada à sua frente. E acabam sendo chamadas à atenção quando na realidade estavam apenas tentando aprender o que estava sendo ensinado à sua própria maneira. Por isso, apesar de serem muito inteligentes, normalmente acabam sendo chamadas de indisciplinadas ou tratadas como se tivessem problemas de aprendizado.*

Ao dizer que essas crianças são táteis e voltadas para os sentimentos, ela se refere a suas habilidades naturais de "clarissensibilidade". As crianças índigo recebem e enviam informações por meio da expressão física e emocional. A clarissensibilidade é uma forma de comunicação psíquica mais conhecida como *intuição* ou *telepatia*. Todos temos tal habilidade por natureza e no futuro voltaremos a utilizá-la. Não podemos punir as crianças índigo por demonstrarem ter uma habilidade que ajuda a todos os que a possuem! E ela conclui:

> *Como todos os que aprendem por meio do tato têm dificuldade em aprender somente pela visão e audição, necessitam de estímulo tátil para utilizarem os outros sentidos. Isso significa que precisam ter algo nas mãos enquanto observam e ouvem. Pode-se dar a elas uma bolinha*

para ser tocada e apertada e deixar que a usem, assim como outros objetos enquanto prestam atenção à aula e lêem ou escrevem na escola ou em casa. Além de ajudá-las a utilizar melhor os outros sentidos, isso reduz o excesso de atividade que normalmente não é aceita em sala de aula.

Crianças táteis às vezes não ouvem quando os pais a chamam ou falam com elas. Deve-se dizer seu nome para chamar sua atenção antes de lhes dar uma ordem. Se estiver próximo, toque-as de leve no braço ou no ombro para ajudá-las a se concentrar e só então transmita a informação.

⁜ ⁜ ⁜

O que se deve fazer?

Sim, uma criança pode ser DDA, índigo ou as duas coisas. Seja como for, devemos, como pais, manter o ambiente mais equilibrado possível em casa. Mas como fazer isso? Sentar-se e ficar imaginando soluções não adianta. Você provavelmente já tomou algum tipo de atitude, como estudar sobre o DDA, freqüentar reuniões de pais com o mesmo problema ou levar seu filho a um médico. São atitudes válidas e dignas de todo pai que se preocupa, mas ainda há outras coisas que se podem fazer. Nossa intenção é mostrar alternativas e lhe dar esperanças, não confundi-lo.

Queremos que fique claro: nenhum dos colaboradores ou autores que mencionamos condenam os pais que utilizam medicamentos no tratamento de seus filhos. Não estamos aqui para julgar. Nossa intenção é descrever claramente os efeitos da Ritalina e informar sobre tratamentos alternativos. Além disso, existe a possibilidade de que seu filho não seja DDA nem TDAH, mas se ele se "encaixa" nesse perfil saiba o que já existe em termos de recursos e tratamentos.

Apresentamos descrições e soluções de educadores, médicos e profissionais da área de desenvolvimento infantil para os sintomas da síndrome (que também correspondem à descrição de muitos índigos). Sabemos que nem todos esses métodos são bem aceitos, mas todos os novos tratamentos são considerados impróprios no início, e a história mostra isso claramente. Um bom exemplo foi a descoberta de que a úlcera é causada por uma bactéria e que pode ser curada. A indústria de medicamentos lutou bravamente contra essa teoria e foi preciso que o médico que a descobriu quase se matasse inoculando-a em seu próprio corpo para que os laboratórios "se convencessem". O que apresentamos neste livro pode ser um exemplo bem parecido. Só o tempo dirá.

Apresentamos a seguir informações sobre a Ritalina. Algumas são novas e outras já conhecidas. É importante que você saiba sobre todas elas. A revista *Time* publicou recentemente um artigo sobre o assunto:

O crescente uso da Ritalina tem preocupado muitos profissionais. Alguns médicos enfrentam problemas com pais ansiosos que exigem a prescrição do medicamento com medo de que a distração excessiva faça com que seus filhos percam oportunidades importantes na vida. Caso se recusem, ameaçam procurar outros médicos. Muitos se sentem pressionados a medicar seus filhos para que seu comportamento se torne igual ao das outras crianças mesmo que entendam suas crises e escândalos.

A produção de Ritalina aumentou astronomicamente nos últimos oito anos, e os Estados Unidos são responsáveis por 90% do consumo. Esses números mostram que a maioria das escolas, companhias de seguros, planos de saúde e famílias estressadas têm procurado a medicação como solução rápida para problemas difíceis, mas que poderiam ser abordados com mais eficácia com grupos menores de alunos em sala de aula, psicoterapia individual e familiar e mudanças do ambiente agitado em que vive a maioria das crianças norte-americanas...

Mesmo os médicos que acreditam nos efeitos da Ritalina e a consideram eficaz dizem que o medicamento não substitui um melhor sistema de ensino, o desenvolvimento da criatividade e a presença dos pais ao lado dos filhos por períodos mais longos. A menos que a criança tenha suporte emocional adequado e possa desenvolver habilidades e equilíbrio, os benefícios da medicação tendem a desaparecer assim que ela deixe de utilizá-la...

A tendência dos últimos anos é muito clara: a porcentagem da prescrição de medicamentos para crianças com diagnóstico de TDAH (ou de DDA) subiu de 55% em 1989 para 75% em 1996(1).

Tanto a ciência quanto a medicina estão começando a identificar o "alerta" a respeito da Ritalina, e o bom senso tem levado as pessoas a procurarem tratamentos alternativos para crianças portadoras do distúrbio. Muitas pessoas estão começando a questionar: Como funciona de verdade a Ritalina? O que os médicos sabem que não sabemos? Quais são os efeitos colaterais? O que os especialistas pensam sobre o assunto?

O artigo da *Time* também inclui algumas observações do doutor J. Zink, da Califórnia, terapeuta especialista em aconselhamento familiar e autor de diversos livros sobre educação de crianças: "Não podemos negar que a Ritalina funciona, mas como e quais as conseqüências do seu uso excessivo? A verdade é que não temos a resposta"(1).

O parágrafo seguinte, extraído de *Como criar um filho saudável...* (69) do médico Robert Mendelsohn, foi escrito em 1984 e demonstra que várias pessoas já estavam preocupadas com o assunto na época.

Ninguém conseguiu provar até hoje que drogas do tipo Cylert e Ritalina ajudem a melhorar o desempenho acadêmico de crianças. Seu principal efeito é o controle temporário do comportamento hiperativo. A criança é dopada para facilitar a vida do professor e não para torná-la mais feliz ou produtiva. Se seu filho for a vítima, pense que os riscos potenciais desse tipo de medicação podem ser um preço alto demais a ser pago simplesmente para facilitar a vida dos professores.

A mesma edição da *Time* mencionava a opinião dos profissionais que participaram de um congresso dos institutos nacionais de saúde norte-americanos em 1998. Pode-se ver que as opiniões não mudaram muito em 15 anos!

A Ritalina tem ação imediata e de curta duração na redução de sintomas de TDAH. O número de crianças que utilizam o medicamento aumentou consideravelmente nos últimos anos, mas não há estudos conclusivos que identifiquem seus efeitos sobre o desempenho acadêmico ou o comportamento social.

O medicamento interfere no crescimento, embora pesquisas recentes mostrem que se trata apenas de retardamento e não de interferência sobre o desenvolvimento da criança. Embora o medicamento seja cada vez mais utilizado em crianças menores de cinco anos não há evidência de que seu uso tenha aplicação segura em crianças dessa faixa etária(1).

Efeitos colaterais da Ritalina

O próximo assunto pode ser novidade para você porque é exclusivo da área médica. Pode até assustá-lo, pois para nós também foi surpreendente. O trecho seguinte é uma cópia fiel da Referência Médica da Ritalina, fornecida pelo laboratório que a produz, a Ciba-Geigy. Trata-se de um documento de distribuição obrigatória aos profissionais da área de saúde que o doutor Robert Mendelsohn reproduziu em seu livro *Como criar um filho saudável...*(69).

Observe que a empresa afirma "não saber como a Ritalina atua", e quais seus efeitos no sistema nervoso central. O laboratório admite ignorar o período de segurança da utilização do medicamento. As seguintes observações são do doutor Mendelsohn:

Ansiedade e insônia são as reações adversas mais comuns, porém podem ser controladas pela redução da dosagem e da suspensão no período da tarde e da noite. As reações adversas incluem hipersensibilidade (incluindo erupções na pele); urticária (irritação e coceira); febre; artralgia; dermatite de esfoliação (descamação da pele); eritema multiforme (doença dermatológica inflamatória aguda), com histórico de alterações histopatológicas de vasculite necrosante (destruição dos vasos sanguíneos) e púrpura trombocitopênica (um sério distúrbio de coagulação do sangue); anorexia; náusea; tonturas; palpitações; dor de cabeça; discnesia (diminuição do movimento muscular voluntário); sonolência; variações no batimento cardíaco e na pressão sanguínea, com queda e elevação; taquicardia (aceleração do batimento cardíaco); angina (ataques espasmódicos com dor intensa no coração); arritmia cardíaca (batimento cardíaco irregular); dor abdominal e perda de peso em tratamentos prolongados.

Existem raros registros de casos de síndrome de Tourette. Há histórico de psicose tóxica em pacientes que utilizam o medicamento, assim como leucopenia (redução dos glóbulos brancos no sangue) e/ou anemia e, em alguns casos, queda de cabelo. Em crianças foi registrada perda de apetite, dor abdominal, perda de peso durante tratamento prolongado, insônia e taquicardia. No entanto, qualquer uma das reações mencionadas anteriormente também pode ocorrer com crianças.

✳ ✳ ✳

Apresentamos a seguir novas substâncias, terapias alternativas e informações nutricionais importantes. Iniciamos com um artigo de **Keith**

Smith(70), da Califórnia, iridologista e especialista em ervas medicinais, que tem obtido grande sucesso na utilização de métodos não ortodoxos, alguns deles muito pouco conhecidos. Parte de seu relatório é muito técnico, mas também há em suas pesquisas estudos de caso, os quais julgamos mais acessíveis a todos. Keith selecionou, a nosso pedido, casos que envolvem índigos e DDAs. Lembremos uma vez mais: não apresentaríamos, aqui, nenhuma informação sem que tivesse sido comprovada. As teorias que hoje são julgadas como do "outro mundo" serão a ciência de amanhã.

✕ ✕ ✕

Polaridade reversa crônica nas crianças especiais de hoje
KEITH R. SMITH

Crianças deveriam ser simplesmente curadas e não tratadas. Quando pesquisava sobre crianças DDA, TDAH e com dificuldades de aprendizagem[1], fiquei chocado ao encontrar um relatório sobre o trabalho do National Institute of Child Health and Human Development/NICHD (Instituto Nacional de Saúde Infantil e Desenvolvimento). O documento informava que "a verba para os projetos relacionados à educação e às dificuldades de aprendizagem aumentaram de 1,75 milhão de dólares em 1975 para mais de 15 milhões em 1993". Isso representa um total de aproximadamente 80 milhões de dólares investidos em uma única pesquisa(71).

Sob o título "Future Research Directions in LD(Learning Disabilities)" (O futuro da pesquisa sobre dificuldades de aprendizagem), com o subtítulo "Tratamento/Intervenção", o documento afirma:

---

1. Ou Transtornos Específicos de Desenvolvimento das Habilidades Escolares/TEDHE. (N.E.)

A análise da literatura científica que aborda dificuldades de leitura e outros problemas de aprendizado indica que nenhum tratamento clínico de longa duração apresentou, até o momento, benefícios terapêuticos em crianças portadoras do distúrbio. Infelizmente, há pouca base científica para a utilização de intervenções ou combinações apropriadas de intervenções específicas para diferentes tipos de dificuldades de aprendizagem(72).

Segundo meus cálculos, essa organização requisitou um total de 155 milhões de dólares para pesquisas, sem resultados conclusivos. Outro documento disponível na internet (www.mediconsult.com)(73) estima que existam de 3 a 5 milhões de crianças com TDAH no planeta. Se adicionarmos aquelas com dificuldades de aprendizagem, o número sobe para 10 milhões ou mais. Nesse mesmo documento, o National Institute of Mental Health/NIMH (Instituto Nacional de Saúde Mental norte-americano), que é a agência federal americana responsável pelas pesquisas do cérebro, de doenças mentais e de saúde mental, declara que:

O TDAH tornou-se uma prioridade nacional. Durante a década de 90, declarada pelo Presidente do Congresso como "a Década do Cérebro", é possível que os cientistas descubram a base biológica do distúrbio, como preveni-lo e como tratá-lo de maneira eficaz.

Se uma única organização gasta 155 milhões de dólares e há várias outras espalhadas pelos Estados Unidos gastando, igualmente, milhões, imagino quanto tempo e dinheiro já foram gastos em pesquisas, sem resultado efetivo algum para essas crianças.

Sou um praticante de cura holística e por ervas, e o motivo de eu ter ficado chocado com toda essa informação sobre gastos vãos provém do fato de que, em minha área, o DDA e o TDAH estão entre os problemas com mais probabilidades de melhoria ou alívio dos sintomas.

(Não somos médicos, portanto não *curamos*, mas podemos aumentar o bem-estar e aliviar os sintomas no âmbito de nossa prática terapêutica.) Apresento a seguir três estudos de caso (poderia apresentar centenas deles). Não me recordo de um único paciente que não tenha tido excelentes resultados com o tratamento natural, a não ser aqueles que não seguiram a dosagem e freqüência recomendadas.

POLARIDADE REVERSA CRÔNICA

Descobri acidentalmente, há anos, a semelhança entre Chronic Reversed Polarity/CRP[2] (polaridade reversa crônica) e a síndrome de fadiga crônica. Desde então, percebi que vários dos sintomas de TDAH em crianças eram idênticos aos de CRP quando em adultos.

Comecei então a fazer testes, e minhas suspeitas foram confirmadas. Quase todas as crianças portadoras de TDAH que vinham ao meu consultório sofriam de polaridade reversa crônica. Passei a aplicar o mesmo tipo de tratamento de ervas medicinais nesses casos, e os resultados foram excelentes. As crianças começaram a responder muito bem aos medicamentos.

Todos os sistemas de nosso corpo são elétricos. Nosso processo mental, o sistema imune e o coração são partes de um grande sistema que funciona com eletricidade, pois o organismo é como um grande gerador. E, onde há energia, campos elétricos se formam. Esses campos têm polaridade como nos pólos Sul e Norte. Se submetermos um ímã a determinadas condições de temperatura e choques, sua polaridade se inverte, ou seja, os pólos Sul e Norte trocam de lugar entre si.

Portanto, no corpo humano, determinadas condições, como o estresse, por exemplo, podem fazer com que as polaridades se invertam. Normalmente, a maioria dos profissionais da medicina alternativa considera esse fenômeno uma condição temporária. Entretanto, descobri que

---

2. A CRP corresponde a um problema conhecido no Brasil como Transtorno Afetivo Bipolar (TAB). (N.E.)

se pode estender por longos períodos e dificultar o tratamento, pois exige, no caso, estudos mais aprofundados.

A polaridade reversa pode se tornar crônica e parece ser a principal causa de problemas como síndrome de fadiga crônica, depressão, ansiedade, fibromialgia, doenças do sistema imunológico, câncer, TDAH e todas as outras afecções que normalmente não podem ser "curadas" com tratamentos tradicionais. Os diversos sintomas e processos dessas doenças normalmente não são percebidos até que estejam muito pronunciados, o que torna o tratamento ainda mais difícil.

O SISTEMA ELÉTRICO DO CORPO

A polaridade reversa enfraquece o "sistema elétrico" do corpo, e sua principal causa são períodos prolongados de estresse. À medida que o sistema se enfraquece, os sintomas surgem como um alerta. Se a carga elétrica cai para um nível abaixo de 42 hertz, o sistema imune não consegue mais combater as doenças. No início da CRP, os avisos do corpo são geralmente dores nas costas, dores de cabeça ou distensão muscular. Se não prestarmos atenção a esses sinais e reduzirmos o ritmo para "recarregar" as baterias, os sintomas tendem a piorar e a se transformar em fadiga extrema, depressão, ansiedade, enxaqueca, fibromialgia, torpor ou mesmo dor crônica nas áreas debilitadas.

O sistema de preservação do corpo pára então de funcionar, e os sinais elétricos do sistema imune parecem começar a destruí-lo ao invés de protegê-lo.

Nota do Autor para os profissionais de medicina alternativa: o manual do laboratório Merck descreve os casos de doenças como PTI (Púrpura Trombocitopênica Idiopática) da seguinte maneira: na doença em que o baço começa, misteriosamente, a destruir os glóbulos vermelhos do sangue. Para amenizar essa condição, normalmente sem cura, retira-se o baço. A descrição aponta, também, que "aparentemente os glóbulos vermelhos assumem carga elétrica oposta..."

Então, será que a inversão da carga elétrica nas zonas debilitadas do corpo poderia corrigir as condições de estresse que acabam nos levando a viver em cadeiras de rodas ou hospitais?

Alguns dos principais sintomas da síndrome de CRP são os mesmos do TDAH, como dificuldades de concentração e enfraquecimento da memória de eventos recentes. Costumo obter bons resultados no tratamento do sintoma descrito por meus pacientes como "confusão mental". Outra forma de diagnosticar o problema é pedir ao paciente que imagine seu cérebro como uma grande lâmpada e fazê-lo indicar, nele, as partes que utilizam mais energia e que se iluminam com mais intensidade. Em seguida, pergunto a eles se já sentiram uma espécie de corte temporário de energia ou diminuição da luz. A resposta é quase sempre a mesma: "É exatamente assim que me sinto!"

Imagine as desvantagens das crianças em idade escolar que apresentam essas "diminuições" de capacidade cerebral justamente na época em que mais necessitam de concentração e de memória de eventos recentes.

OS NOVE SINTOMAS NECESSÁRIOS PARA O DIAGNÓSTICO

Segundo a American Psychiatric Association (Associação Norte-Americana de Psiquiatria), o diagnóstico de DDA ou TDAH requer a existência de nove sintomas, relacionados a problemas de atenção ou de hiperatividade/impulsividade, desenvolvidos antes dos sete anos de idade, persistindo por mais de seis meses e que tenham afetado significativamente atividades sociais ou o desempenho escolar.

Os sintomas são:

Dificuldade de atenção

1. Presta pouca atenção aos detalhes e comete erros por falta de cuidado.

2. Tem dificuldades para prestar atenção.

3. Não ouve (presta atenção) o que lhe dizem.

4. Não dá prosseguimento ou finaliza as tarefas que inicia.

5. Tem dificuldades para se organizar.

6. Evita tarefas que exijam esforço mental ou concentração por períodos prolongados.

7. Costuma perder objetos como material escolar ou de uso habitual.

8. Distrai-se com facilidade.

9. É bastante esquecido e desatento nas atividades diárias.

Hiperatividade/impulsividade

1. É muito inquieto e não consegue permanecer na mesma posição durante muito tempo.

2. Levanta-se com freqüência mesmo quando precisa permanecer sentado.

3. Corre ou sobe em locais onde não deveria.

4. Tem dificuldades para desenvolver quaisquer atividades ou brincadeiras em que tenha de permanecer calmo e quieto.

5. Parece estar constantemente em movimento, como se tivesse um motor interno.

6. Fala demais.

7. Fala sem pensar ou responde antes da hora.

8. Tem dificuldade em esperar em filas para ser atendido.

9. Interrompe a fala ou a conversa das pessoas.

ANÁLISE DA ÍRIS: OS TIPOS FLOR E PEDRA PRECIOSA

A técnica de iridologia, que analisa a íris, é muito complexa para ser explicada com detalhes aqui, mas o tipo de íris conhecido como *flor* ou emocional está normalmente associado a dificuldade de atenção nas crianças e a depressão, em adultos. Já o tipo conhecido como *pedra preciosa* corresponde geralmente a hiperatividade ou impulsividade em crianças e a ansiedade, em adultos.

Polaridade reversa, análise nutricional, iridologia e outras técnicas podem ser utilizadas por profissionais de medicina alternativa para avaliar crianças com esses sintomas. Considerar cada paciente e suas características individuais pode produzir excelentes resultados, como atestam os casos seguintes.

PRIMEIRO ESTUDO DE CASO

Paciente: menina, quatro anos de idade e com sintomas típicos de DDA e TDAH.

Histórico: nasceu prematura, aos sete meses de gravidez, e ficou isolada em uma unidade neonatal de UTI. A mãe informou que a menina sempre teve "saúde delicada" e que não dormia mais de três horas seguidas. Era uma criança bastante emocional e já na primeira consulta demonstrou ter os sintomas clássicos de TDAH. A mãe disse, também, que a menina costumava vomitar e que suava muito à noite.

Tratamento médico: após fazer exames e receber o diagnóstico de TDAH os médicos recomendaram o uso de Ritalina, caso os sintomas persistissem até a idade escolar. Os pais decidiram procurar alternativas para o uso da droga.

Informações complementares: essa criança especial apareceu em sonhos dos pais antes de nascer e os chamava por nomes belos, mas diferentes. Tinha íris do tipo corrente/flor, o que indicava uma personalidade sensível/emocional.

Apresentava também sintomas de polaridade reversa crônica e, segundo os pais, uma sensibilidade excessiva ao açúcar. As informações e indicações dos fatores de estresse relacionados à sua doença revelaram que o trauma do parto prematuro foi ampliado pelo fato de os dois pais estarem procurando emprego e por terem mudado de casa três vezes depois de seu nascimento. A mãe havia sentido náuseas e vomitado muito durante toda a gravidez e teve de ser levada ao hospital diversas vezes por desidratação.

Os pais tinham um longo histórico de estresse e vida bastante agitada. A criança sofreu a influência de todos esses sintomas e emoções durante a gravidez e continuou em um ritmo agitado de vida depois do nascimento. Descobrimos também que a criança havia adotado o hábito de vomitar, assim como a mãe, para aliviar o estômago, seu centro emocional.

Foram aplicados tratamentos para CRP e um programa nutricional com ervas medicinais. O açúcar foi removido da alimentação diária sempre que possível e reservado para ocasiões especiais. Sugeriu-se que os pais dedicassem mais tempo e dessem mais carinho à criança para que suprissem as necessidades de seu tipo sensível/emocional.

Resultados: a criança se adaptou bem à pré-escola. Todos os sintomas de comportamento hiperativo desapareceram e ela agora dorme normalmente durante toda a noite. A sudorese noturna e os vômitos também cessaram. Um psicólogo que a examinou recentemente comentou que tem "um vocabulário bastante extenso para uma criança de quatro anos".

Conclusão: pesquisas mostram que pais hiperativos e com possíveis problemas neurológicos ou psicológicos têm mais tendência a ter filhos com distúrbios do tipo DDA ou TDAH. Além disso, ter um filho hiperativo aumenta as probabilidades de os irmãos também serem. Os cientistas concluem que uma predisposição genética para o distúrbio pode ser a causa de muitos tratamentos não surtirem efeito.

Acredito que a polaridade reversa crônica seja contagiosa por contato. Quando uma bateria nova é colocada junto a uma descarregada, o nível de sua carga diminui. Crianças que têm pais com CRP sofrem, até mesmo durante o período da gravidez, uma inversão de polaridade pelo efeito dessa presença. E crescem apresentando os mesmos sintomas, muitas vezes sem uma intervenção alternativa adequada para quebrar o ciclo. Acredito que as pesquisas nesse campo ainda provarão que isso gera desequilíbrios químicos no cérebro e que, por sua vez, causam distúrbios nervosos, gerando os sintomas.

SEGUNDO ESTUDO DE CASO

Paciente: menino, sete anos, diagnosticado como portador de DDA/TDAH e distrofia muscular.

Histórico: a distrofia muscular foi diagnosticada logo após o parto, assim como diversas limitações físicas. Os sintomas de TDAH também já eram evidentes. A criança apresentava problemas para se sentar, aprender, manter a atenção e seguir ordens. Na escola, não conseguia escrever seu nome, pronunciar adequadamente as palavras ou fazer qualquer tipo de cálculo, mesmo os mais simples.

Tratamento médico: a criança está recebendo tratamento em um hospital infantil e fazendo fisioterapia. Um psiquiatra prescreveu Ritalina após um exame superficial de dez minutos, o que levou a mãe a procurar terapias alternativas.

Informações complementares: os exames e o histórico mostraram que a criança é produto de um casamento extremamente instável e de um parto difícil. A mãe já havia feito um tratamento de polaridade reversa crônica comigo e, após algum tempo, se separou e iniciou um relacionamento menos estressante. Mudanças no estilo de vida podem ajudar tanto os pais quanto as crianças com CRP.

A criança também apresentava CRP e foi tratada com ervas medicinais para reverter sua polaridade. Mas como não conseguia engolir cápsulas, as ervas eram misturadas a sucos e até mesmo a achocolatados para facilitar a ingestão. O tratamento se prolongou até o momento em que sua polaridade foi estabilizada, mas doses mínimas continuaram a ser administradas para manter o processo.

Resultados: o menino apresentou grandes progressos no desempenho escolar. Escreve seu nome com facilidade e pronuncia bem as palavras. Ainda apresentava algumas dificuldades em matemática, mas a escola adotou um método novo e suas notas melhoraram muito.

Um especialista o submeteu a uma bateria de testes de QI chamados, segundo a mãe do menino, testes Woodcock-Johnson. Os resultados ficaram na média entre 128 e 135 pontos em várias categorias (muito acima da média). O médico passou a chamá-lo de "Albert", como Albert Einstein, pois o cientista também era considerado péssimo aluno por seus professores.

A distrofia muscular parece ter estacionado e os sintomas progressivos que costumam ocorrer nesses casos não se manifestaram. O médico do menino o examina freqüentemente e diz à mãe, impressionado: "Não sei o que você está fazendo com ele, mas continue". E o terapeuta com quem faz tratamento diz que ele é um caso diferente de todos os outros pacientes de que já tratou.

Conclusão: especialistas da área genética informaram que a mãe do menino não possui os genes associados a esse tipo de distrofia muscular. Seu médico acredita que, devido ao seu nível de estresse durante a gravidez, ela pode ter produzido um gene mutante, o que é bastante comum.

A grande maioria dos pacientes com TDAH que já tratei apresentam CRP. O tratamento com ervas naturais nesses casos sempre mostrou excelentes resultados, como é o caso desse menino. Minha intuição me leva a crer que a distrofia muscular, a paralisia cerebral e vários problemas de nascença são causados pela CRP durante os estágios de desenvolvimento do sistema nervoso do feto.

TERCEIRO ESTUDO DE CASO

Paciente: garoto de quinze anos, cursando ensino médio e com sintomas invulgares e de difícil diagnóstico.

Histórico: o garoto, de inteligência fora do comum, começou a definhar. Chegou a pesar apenas 39 quilos com uma altura de 1,77m. Estava pálido e tinha olheiras profundas. Seus colegas riam dele e o chamavam de "Drácula". Perdeu grande parte da massa muscular e tinha braços e pernas muito finos. Suas costas estavam duras, tensas e curvadas na parte de cima. Reclamava de câimbras nas pernas, sudorese noturna e trocava eventualmente as palavras ao falar. Apresentava também hipersensibilidade gastrintestinal acentuada.

Tratamento médico: os exames realizados nada revelaram. A única anormalidade detectada no exame de sangue foi deficiência de ferro. Cinco médicos diferentes recomendaram a ingestão de sulfato ferroso (suplemento de ferro), mas isso pareceu piorar ainda mais o quadro. Outra hipótese levantada foi a de doença de Crohn, uma inflamação do intestino delgado que causa dor e impede a absorção de nutrientes. Mas o restante dos exames descartou tal possibilidade.

Informações complementares: quando examinado, o garoto parecia ter CRP, o que foi confirmado depois. Os sintomas eram semelhantes aos de espondilite ancilosante, que é normalmente acompanhada de doenças inflamatórias intestinais como colite ulcerosa ou doença de Crohn.

Essas doenças, assim como a maioria das de origem desconhecida, são difíceis de diagnosticar até que os sintomas apareçam, quando então já pode ser muito tarde para impedir ou reverter os danos causados. Iniciamos com um programa nutricional de ervas medicinais para CRP, mas devido à sensibilidade gastrintestinal do paciente, as doses iniciais foram menores.

O equilíbrio no organismo dos pacientes com CRP normalmente só é obtido quando a polaridade é corrigida. O tratamento foi iniciado e somente depois foi introduzido o uso de ervas que contêm ferro, que abrandaram a sensibilidade do trato intestinal e diminuíram os sintomas de anemia.

Resultados: depois de três meses, o paciente já estava praticamente curado da CRP e recuperou 17 quilos. A curvatura e a tensão nas costas desapareceram completamente. Os braços e pernas recuperaram massa muscular e a aparência normal. As olheiras e a palidez também desapareceram. O garoto terminou o ensino médio e está fazendo trabalhos de *design* em computação. Os pais me disseram que ele acabou de escrever um romance, mas que ainda não foi publicado. Trata-se de um pequeno "gênio" que retomou sua vida normal, se é que o termo pode ser aplicado a alguém com tantas qualidades.

Conclusão: neste caso, como os sintomas físicos eram acentuados e o paciente apresentava um alto nível de inteligência, os pais não chegaram a consultar um psiquiatra. Portanto, não foi diagnosticada a presença de DDA ou de hiperatividade, mas uma avaliação mais profunda identificaria os sintomas.

Depois de avaliar diversos casos, pude concluir que o estresse é a causa mais comum de CRP. No contato com o paciente, pude perceber que sua família sofria de estresse, porém do tipo espiritual. Além disso, tratava-se de um garoto de mente e intelecto privilegiados e sua dedicação e comprometimento com o desempenho escolar o estressavam de tal maneira que sua polaridade foi invertida, dando início à doença.

Esse caso demonstra claramente os problemas mais graves das crianças índigo. Medicamentos para hiperatividade ou antiinflamatórios não ajudariam a combater os sintomas ou a diminuir seus problemas de saúde.

CONCLUSÃO

Diagnosticar precocemente os pacientes como DDAs ou TDAHs e prescrever terapias à base de drogas não é a solução para os problemas. Pesquisas atuais mostram que esses tipos de tratamento podem acabar gerando sérias conseqüências mais tarde. Os tratamentos convencionais parecem não surtir efeito, especialmente no caso de crianças índigo. Contudo, as pesquisas continuam, e a comunidade médica começa a compreender as mudanças que estão ocorrendo. Estão se conscientizando dos problemas causados pelo mundo de hoje e por todo o estresse que ele causa às pessoas. As soluções estão a caminho.

Os pais devem procurar todas as opções disponíveis para se informar e compreender melhor suas crianças. Além disso, não podemos ter crianças saudáveis, felizes e equilibradas quando nós mesmos vivemos sob estresse, sem esperança ou sofrendo de polaridade reversa crônica. Muitos pais de crianças índigo já descobriram que, acompanhando o tratamento e desenvolvimento de seus filhos, acabam curando a si mesmos.

Muitos especialistas da medicina atual afirmam que nenhum tipo de tratamento ou intervenção é eficaz nos casos de diagnóstico de DDA, TDAH ou distúrbios similares. Um estudo da Universidade de Yale concluiu que 74% das crianças que apresentam problemas de aprendizado na terceira série escolar mantêm inalterado tal perfil, mesmo durante o colegial. Outro estudo mostra que o consumo de Ritalina dobrou entre os anos de 1990 e 1995, indicando que o medicamento é hoje utilizado por mais 1,5 milhão de crianças(70). Na época em que este livro foi publicado o número já ultrapassava os 2,5 milhões.

A terapia com drogas é usada para tornar as crianças mais *dóceis* e não para curá-las. Outro estudo indica que homens que receberam tratamento com esse tipo de medicamento para TDAH têm três vezes mais probabilidade de se tornar usuários de drogas(70). Diversas pesquisas indicam que uma grande porcentagem de presidiários já passou por esse tipo de tratamento. São dados alarmantes, pois as crianças que nascem hoje estão muito mais expostas a fatores de estresse do que as de antes.

Recomendo sempre aos pais que pesquisem alternativas para essas crianças tão especiais e maravilhosas. As drogas podem ajudar a reduzir os sintomas, mas dificilmente atingem a fonte real dos distúrbios. Os cientistas estão constantemente pesquisando novos métodos de tratamento. Em muitos casos, a família toda precisa ser avaliada para que se identifiquem os fatores que causam o estresse. Somente assim será possível criar um ambiente saudável que permita a essas almas tão sensíveis o desenvolvimento adequado.

Ainda temos muito que descobrir sobre nós mesmos e sobre nossos filhos neste novo milênio. Muitas pessoas, como eu, estão dispostas a ajudar as novas crianças. Elas não podem continuar simplesmente sendo classificadas e tratadas segundo um padrão. Cada uma delas é diferente e precisa de tratamento e compreensão específicos. Agora cabe a você aceitar ou não os tratamentos tradicionais, com todas as suas desvantagens, ou procurar métodos alternativos e descobrir o que melhor *funciona* para você e para sua família.

Pais e amigos das crianças índigo: identifiquem e avaliem as necessidades individuais dessas almas que vieram para nos ensinar. Vocês são o padrão e o modelo que elas seguirão. Respeitem a individualidade delas, procurem as melhores alternativas e, principalmente, jamais desistam!

✳   ✳   ✳

Afirmamos desde o início que pesquisamos cada uma das teorias antes de incluí-las neste livro, assim como todas as histórias e casos verídicos sobre as crianças. Entre elas está uma carta que recebemos de Bella Richards, que trata de sua filha Norine. Segue o texto, pois o consideramos bastante apropriado:

> Minha filha tem 15 anos e está sendo tratada por Keith Smith, iridologista e especialista em ervas naturais que atua na cidade de Escondido, na Califórnia. Pelo seu perfil, acreditamos que se trata de uma criança índigo e tem apresentado uma grande melhora desde que iniciou o tratamento. Está cursando o ensino médio e tinha muitas dificuldades, sintomas de DDA e problemas de concentração durante as aulas. Procuramos um médico e um neurologista, mas nenhum deles identificou problema algum nela.
>
> Estava muito preocupada, pois via que minha filha ia repetir o ano escolar. Queria tirá-la do curso regular e colocá-la em uma escola especial. Tentei descobrir o que havia de errado com ela e cheguei a discutir várias vezes com o diretor da escola. É uma menina muito inteligente e madura, mas tem dificuldades em se relacionar com seus colegas. Parece não se ajustar à idade e ao ambiente em que vive.
>
> Quando finalmente a levei ao consultório de Keith ele descobriu qual era o seu problema logo de início, avaliando seu comportamento e conversando muito com ela. Foi uma verdadeira bênção encontrá-lo. É difícil descrever o desespero que se sente quando se tem um filho com sintomas que ninguém consegue diagnosticar!

Não poderíamos deixar de mencionar alguns suplementos nutricionais que também podem ajudar muito as crianças índigo ou mesmo os DDAs. O que apresentaremos a seguir, no entanto, é algo que vai além da nutrição. E levantamos a questão: uma dieta nutricional adequada poderia substituir a Ritalina? A pergunta, curiosamente, pode ter respostas contrárias. Reproduzimos duas citações de pessoas e instituições influentes que apresentam opiniões diferentes:

Trata-se de uma droga de dosagem baixa e efeitos estáveis e contínuos. Os que criticam seu uso, sugerindo sua substituição por dietas, exercícios ou outros tipos de tratamento, estão apenas enganando a si mesmos(1).

DOUTOR PHILIP BERENT,
PSIQUIATRA E CONSULTOR DO ARLINGTON
CENTER FOR ATTENTION DEFICIT DISORDER,
EM ARLINGTON HEIGHTS, IL.

Diversas pesquisas mostram que algumas crianças com TDAH respondem bem a tratamentos nutricionais, incluindo a adição de alguns óleos ou da eliminação de determinados alimentos da dieta... ainda é necessário pesquisar mais profundamente o assunto(1).

THE NATIONAL INSTITUTES OF HEALTH, 1998.

Isso lhe diz alguma coisa? Não podemos simplesmente crer que o aspecto nutricional não tenha sua influência. É, sim, um aspecto muito importante a ser considerado! Os textos seguintes tratam de suplementos nutricionais que apresentaram comprovadamente efeito sobre DDAs e crianças índigo.

Karen Eck, do Oregon, é consultora educacional e distribuidora de *software* educacional. Passou boa parte de sua vida pesquisando tratamentos alternativos para o uso de drogas. Isso a levou ao estudo da nutrição e de diversas áreas relacionadas. No momento, Karen está trabalhando em uma empresa chamada Insight USA(74), que desenvolveu o produto *Smart Start*[3], um suplemento nutricional.

---

3. O produto não se encontra disponível no Brasil. (N.E.)

O suplemento tem apresentado bons resultados em adultos e em crianças com DDA (e em índigos erroneamente classificados como DDAs). Não temos a intenção de promover produtos ou empresas, mas às vezes essa é a única maneira de obter resultados de pesquisas dentro do foco de nosso assunto. Se você souber de outras empresas de produtos que têm comprovadamente ajudado índigos ou DDAs, escreva para nós. Pesquisaremos o produto e o adicionaremos à lista em nosso *site* (www.indigochild.com).

※ ※ ※

Respostas nutricionais

KAREN ECK

A história do *Smart Start* é como a daqueles brinquedos de montar. A criança começa com as combinações mais simples e vai aprendendo a trabalhar com as mais complexas e funcionais. Nosso corpo funciona da mesma maneira, começando com combinações mais simples e desenvolvendo sistemas mais complexos, incluindo os sistemas de aprendizado do cérebro.

As peças que montam nosso sistema nutricional vêm dos alimentos que ingerimos. Entretanto, infelizmente, a maioria dos nutrientes essenciais são eliminados no processo de industrialização dos alimentos e nosso corpo acaba ficando sem alguns elementos importantes para o desenvolvimento ou manutenção da criatividade e até mesmo da individualidade. O *Smart Start* foi criado para suprir todos os itens necessários a uma nutrição balanceada. Diversos pesquisadores estão avaliando o efeito desse produto no desenvolvimento mental.

Muitos minerais importantes que são eliminados no processamento industrial dos alimentos são a base das enzimas de nosso corpo.

As enzimas acionam os mecanismos do corpo, desde a visão até os impulsos nervosos. A combinação de minerais no *Smart Start* é tão exclusiva e absorvida de maneira tão precisa pelo organismo que o Laboratório Albion decidiu patenteá-la. Essa absorção imediata evita desgastes excessivos do organismo na obtenção de nutrientes.

Sabe-se que as vitaminas são essenciais e que o corpo não consegue produzi-las sozinho. É preciso repor todas elas diariamente para mantê-lo equilibrado.

Outro componente vital para o bem-estar é a lecitina, responsável pela manutenção de 75% do cérebro. Há outros componentes não tão facilmente identificáveis e que podem ser até mais importantes.

Ginkgo biloba, por exemplo, é uma árvore nativa da China, de frutos flavonóides e sabor amargo que aumenta o fluxo sanguíneo do cérebro e estabiliza a barreira que o regula. Essa barreira é o filtro mais sensível do corpo. Equilibra a quantidade de açúcares produtores de energia e de oxigênio que o cérebro recebe e o protege de substâncias danosas.

Estudos comprovam que os antioxidantes como o picnogenol, um extrato de casca de pinho, melhoram sensivelmente a visão. Já se sabe há muito tempo que as ervas aumentam a longevidade. Por ter em sua formulação ervas medicinais, vitaminas e minerais essenciais, o *Smart Start* oferece uma combinação nutricional ideal.

É o único suplemento alimentar de uso diário que contém nutrientes importantes para melhorar o desempenho do aprendizado, por isso são chamados "nutrientes *smart*". São minerais, vitaminas antioxidantes e ervas naturais reunidos em uma pastilha de sabor agradável, ideal para crianças, mas que pode ser utilizada por toda a família.

Cada frasco contém 90 pastilhas, suficientes para um mês de consumo.

COMPONENTES DO *SMART START*:

Cada 3 pastilhas contém	Quantidade	% DR*
Vitamina A (betacaroteno)	5.000 UI	100
Vitamina C (ácido ascórbico)	60 mg	100
Vitamina D (colecalciferol)	400 UI	100
Vitamina E (tocoferóis minerais)	30 UI	100
Vitamina B_1 (mononitrato de tiamina)	1,5 UI	100
Vitamina B_2 (riboflavina)	2,0 mg	100
Vitamina B_6 (cianocobalamina)	6 mcg	100
Vitamina B_{12} (piridoxina HCL)	200 mcg	100
Ácido fólico	400 mcg	100
Biotina	300 mcg	100
Niacinamida	20 mcg	100
Ácido pantotênico (pantotenato de cálcio)	10 mcg	100
Ferro**	4,5 mg	25
Zinco**	3,75 mg	25
Manganês**	1 mg	—
Cobre**	0,5 mg	25
Cromo**	410 mcg	—
Lecitina	80 mcg	—
Iodo (iodeto de potássio)	37,5 mcg	25
Molibdênio**	18 mcg	25
Selênio**	10 mcg	—

* Porcentagem Diária Recomendada (EUA)

Os sete minerais indicados com dois asteriscos (**) foram paten-
teados pelo Laboratório Albion, como o aminoácido quelato, também
patenteado como combinação das ervas listadas a seguir, associadas à
função mental:

Folha de *Gingko biloba*	40 mg
Arando (concentrado de antocianidina)	20 mg
Laminária	12 mg
Casca de nogueira negra	12 mg
Raiz de *ginseng* siberiano	12 mg
Picnogenol	400 mg

Também faz parte de sua composição a frutose, dextrose, glicina, ácido cítrico, aromatizantes
e ácido esteárico.

Pode-se perceber que os componentes do *Smart Start* são variados.
Descrevemos a seguir seus diversos benefícios.

VITAMINAS

Os alimentos que ingerimos, freqüentemente, são desprovidos de
vitaminas, especialmente as frituras. Considerando que nosso corpo, por
si mesmo, não pode produzi-las, tem de buscá-las nos alimentos e nos
suplementos vitamínicos. As vitaminas são muito importantes para a
produção de energia, para o combate ao estresse e para a imunidade.

~ Betacaroteno (vitamina A): antioxidante (não é armazenado
pelo fígado; relativamente não-tóxico)

~ Vitaminas C e E: antioxidantes

~ Vitamina D: necessária para a absorção de cálcio

ॐ Vitaminas B_1, B_2, B_6, B_{12} e niacinamida: necessárias para a produção de energia e combate ao estresse

ॐ Ácido fólico: necessário para a produção de energia

ॐ Biotina: fator essencial para o crescimento de todas as células do corpo

ॐ Ácido pantotênico: aumenta a imunidade

MINERAIS

Como os minerais de que necessitamos também são retirados de muitos alimentos que consumimos, a fórmula do *Smart Start* possui uma grande quantidade deles. Os minerais são catalisadores de centenas de reações enzimáticas do corpo. Tais reações controlam praticamente todas as funções do organismo, desde impulsos nervosos a níveis de açúcar no sangue. São funções essenciais para a vida e para o aprendizado.

ॐ Ferro e molibdênio: componentes dos glóbulos vermelhos

ॐ Zinco: componente de mais de 60 enzimas, incluindo as mais importantes na produção dos antioxidantes naturais do corpo

ॐ Manganês: essencial para as enzimas necessárias ao crescimento dos ossos, à produção de energia e à imunidade

ॐ Cobre: importante para as enzimas relacionadas à imunidade e à saúde cardiovascular

ॐ Cromo: necessário para o metabolismo apropriado de açúcares e das gorduras

❧ Iodo: essencial para a produção de enzimas da tireóide

❧ Selênio: componente das principais enzimas da imunidade

ERVAS NATURAIS

O *Smart Start* contém três ervas que estimulam a habilidade natural de aprendizado.

❧ *Ginkgo biloba*: contém componentes de sabor amargo que estabilizam as barreiras de sangue no cérebro e impedem a passagem de substâncias nocivas

❧ Arando: contém proantocianidinas (antioxidantes) que protegem as células

❧ Casca de nogueira negra: fonte natural de iodo (promove o equilíbrio metabólico e fornece energia para o corpo)

❧ Raiz de *ginseng* siberiano: contém adaptógenos que melhoram a resposta ao estresse

❧ Picnogenol: antioxidante extraído da casca do pinheiro

❧ Lecitina: o cérebro é composto principalmente de fosfolipídios (componentes semelhantes à lecitina)

CONCLUSÃO

Pais de crianças que tomaram *Smart Start* fizeram muitos comentários sobre a grande melhora e a mudança no comportamento dos filhos. Um casal que saiu em férias e viajou sem levar o medicamento disse que pôde notar a diferença nas crianças. Alguns pais que se esqueceram de comprar o medicamento acabaram se lembrando porque notaram logo a mudança de comportamento nos filhos.

O *software* educacional que comercializamos também tem facilitado bastante a vida de crianças DDAs e TDAHs. Elas gostam do programa, pois é interativo e lhes dá respostas imediatas. Uma delas, que sempre fazia suas lições em pé e se mexendo o tempo todo, adorou ver suas respostas corrigidas na hora. O programa também as ajuda a perceber que são inteligentes e que podem aprender com facilidade. Isso eleva a auto-estima e diminui os problemas!

✵   ✵   ✵

Deborah Grossman é enfermeira, homeopata e mãe de uma criança índigo. Desenvolveu um plano de complemento nutricional que tem mostrado bons resultados. Observe que um dos elementos citados é a alga azul-esverdeada, um elemento bastante surpreendente, do qual falaremos após a declaração de Deborah.

✵   ✵   ✵

Protocolos suplementares para seu filho DDA
DEBORAH GROSSMAN

Tenho certeza de que meu filho me escolheu porque sabia que eu jamais deixaria que fizessem dele "gato e sapato", como se costuma dizer. Trabalho com medicina holística há muitos anos e percebo as mudanças que estão ocorrendo no mundo em todas as áreas. Uma delas, pela qual tenho lutado bastante, é o sistema educacional. Percebo que a mente das crianças índigo opera em um nível tal que a concentração torna-se difícil em tarefas enfadonhas, especialmente quando se trata de escrever e memorizar repetitivamente.

Utilizo, entre outros elementos, a erva azul-esverdeada do lago Klamath na alimentação de meu filho, que foi a primeira "cobaia" no desenvolvimento de meu plano nutricional. O resultado foi muito bom. A dosagem diária consiste em:

๛ multivitaminas *Source of Life*

๛ (3) cápsulas de *Super Choline*

๛ (2) cápsulas de 5-H-T-P da Biochem

๛ (1) cápsula de 1.000 mg de lecitina

๛ (1)cápsula de 50 mg de ácido lipóico da Biochem

๛ (1) cápsula de *Rododendron caucasium* + (normalmente encontrado em farmácias de produtos naturais ou enviado pelo correio por distribuidores)

๛ (3) restauradores (uma combinação de aminoácidos que peço pelo correio)

๛ (2) cápsulas de *Omega Gold*(alga azul-esverdeada, que pode ser pedida pelo correio)

๛ (1) cápsula de DHA da Solray

๛ (2) cápsulas de *Efalex Focus*

๛ uma dose de *Trace Lyte* dissolvida em água de osmose reversa

Por sorte, meu filho me ajuda e não se incomoda de ingerir todos esses suplementos. Ele pesa cerca de 47,5 quilos, e a dosagem deve-se ajustar ao peso de seus filhos. Para crianças que não gostam de tomar remédios há um *spray* chamado *Pedi Active* que contém alguns dos suplementos da lista.

Um laboratório canadense chamado Nutrichem(75) aceita encomendas de produtos que contêm a maioria desses ingredientes, porém com menos cápsulas. O custo também pode ser menor.

※ ※ ※

Soluções alternativas

Apresentamos alguns métodos alternativos para promover o equilíbrio e a melhora da saúde que, apesar de parecerem estranhos, são eficazes. Como já dissemos, as hipóteses de hoje são a teoria de amanhã. E isso está sendo comprovado a cada dia. Com o aumento da popularidade e da validação médica de diversos métodos alternativos de cura, a ciência parece estar finalmente começando a ver as técnicas diferentes do padrão habitual com outros olhos. Os cientistas parecem ponderar: "Se funciona, deve haver algum motivo. Vamos descobrir qual é". E isso já é um bom sinal, se comparado ao pensamento de antes: "Talvez funcione, mas não tem explicação". Algumas idéias antes consideradas "tolas" em nossa cultura começam a ser colocadas em prática pelas próprias pessoas que as condenavam.

Novas alas de medicina alternativa já existem em diversos hospitais espalhados pelas Américas. E muitas pessoas já estão recuperando a saúde e o equilíbrio por meio de métodos antes considerados impensáveis. Muitos profissionais ainda não os aceitam totalmente, mas não podem negar que funcionam. A acupuntura, antes considerada ineficaz pela medicina ocidental, hoje faz parte da lista de tratamentos médicos cobertos pelos planos de saúde.

Até mesmo algumas técnicas de cura consideradas bastante incomuns estão sendo incorporadas pela ciência. Veja uma reportagem publicada pela *Associated Press* (Imprensa Associada) em novembro de 1998(76):

> *Trata-se de uma antiga técnica utilizada na China que muitos médicos norte-americanos irão achar estranha: aquecer um ramo da erva artemísia próximo ao dedinho do pé das mulheres grávidas para ajudar a evitar posições perigosas do bebê um pouco antes do parto.*
>
> *Mas as centenas de médicos que lêem semanalmente o jornal* American Medical Association *(Associação Médica Americana) terão uma surpresa na próxima semana ao ler um estudo que afirma que a terapia chinesa é realmente eficaz e que deveria ser praticada e experimentada pelas mulheres ocidentais.*

Segundo um estudo publicado no *New England Journal of Medicine* (Jornal de Medicina da Nova Inglaterra), em 1997, 46% dos norte-americanos já recorreram a tratamento de medicina alternativa como acupuntura ou quiropraxia. O estudo afirma, também, que uma das terapias mais utilizadas é a "cura espiritual", em quinto lugar(76)!

Leia as terapias que apresentamos a seguir. Com certeza, algumas delas parecerão bastante interessantes.

O milagre do lago Kamath: a alga azul-esverdeada

Já mencionamos o livro de Edward Hallowell sobre DDAs neste capítulo. Trata-se de uma autoridade em dificuldades de aprendizagem, especialmente o DDA, que também publicou outro livro pelo *New York Times, Tendência à distração*(58). Trata-se de um dos exemplos de literatura mais abrangente sobre o assunto.

O doutor Hallowell foi um dos palestrantes na Conferência sobre Tratamento e Medicamentos para Dificuldades de Aprendizagem da

Região do Pacífico, em Honolulu, no Havaí, e mencionou diversos tratamentos para o DDA sem o uso de drogas. O principal deles foi o que emprega a alga azul-esverdeada[4], originária do lago Klamath, no sul do Oregon, Estados Unidos, comercializada por uma empresa chamada Cell Tech. A erva está sendo considerada um "superalimento" devido aos seus efeitos benéficos. É colhida e distribuída em seu estado natural e não industrializada, isenta de conservantes, colorantes ou agentes químicos.

Outro psicólogo bastante conhecido, John F. Taylor, é autor de *Helping Your Hyperactive ADD Child* (Como ajudar seu filho com DDA e hiperatividade) e do vídeo *Answers to ADD: The School Success Tool Kit* (A resposta para o problema do DDA e a ferramenta para o bom desempenho escolar)(77). John F. Taylor foi mencionado em um boletim do Network of Help sobre nutrição:

> *Como não tenho nenhum vínculo com empresas agrícolas, alimentícias ou com laboratórios, posso falar abertamente com pais e profissionais sobre DDA e o TDAH. Muitos têm mencionado a alga azul-esverdeada como um eficaz aliado no tratamento desses distúrbios(78).*

Lembramos mais uma vez que nem todas as crianças DDAs são índigo, embora muitos deles apresentem os mesmos sintomas, normalmente causados pela convivência com famílias que não aceitam suas características e pela estrutura social com a qual têm de conviver. Contudo, nos casos de crianças índigo e DDAs, foram obtidos excelentes resultados com a utilização da alga azul-esverdeada do lago Klamath como suplemento alimentar. Ela estabiliza o nível de açúcar no sangue, não contém toxinas mas sim vitaminas essenciais (principalmente betacaroteno e vitamina

---

4. O produto não se encontra disponível no Brasil. (N.E.)

B_{12}, em grandes quantidades), além de várias outras características que a fizeram ser considerada um "superalimento".

De todas as substâncias de que ouvimos falar em nossas viagens de pesquisa, essa alga foi a mais mencionada e parece ser a mais eficaz. Muitas pessoas estão chegando à conclusão de que ela realmente ajuda as crianças índigo e as DDAs. Há quase consenso de que deveria fazer parte da dieta de todas as pessoas.

Se você decidir experimentar, entre em contato com a Cell Tech (79). Para saber mais sobre os estudos científicos realizados com a alga azul-esverdeada e seus efeitos em crianças, acesse www.the-peoples.net/celltech.

Apresentamos, também, outros métodos e sistemas que têm sido bastante eficazes com DDAs (e alguns índigos). Não são métodos adotados pela ciência tradicional, mas muitas pessoas que os experimentaram tiveram bons resultados.

A conexão magnética

Acreditamos que haja uma estreita relação entre a energia magnética e o corpo humano, pois já desenvolvemos diversas pesquisas sobre o assunto e sobre métodos de cura baseados nesse tipo de energia, especialmente no que diz respeito ao controle de doenças como o câncer, mas esse não é o foco deste livro. Além disso, boa parte de tal estudo ainda não foi cientificamente validada, apesar dos resultados obtidos por todos que utilizam a técnica. Não íamos incluir o assunto até recebermos uma carta de **Patti McCann-Para** informando que alguns médicos têm utilizado a técnica com sucesso em DDAs:

Acabei de ler um livro sobre o uso da energia magnética em crianças com deficit de atenção. Chama-se Magnetic Therapy (Terapia magnética) do médico Ron Lawrence, Ph.D., médico Paul Rosch, membro do American College of Physicians e Judith Plowden (80).

No capítulo 8, página 167, os autores mencionam o doutor Bernard Margolis de Harrisburg, na Pensilvânia, que obteve grandes resultados utilizando ímãs no tratamento das crianças. A técnica melhorou sua auto-estima e outros aspectos importantes da personalidade. O doutor Margolis descreveu um estudo com 28 crianças entre cinco e 18 anos, sendo 26 delas meninos, e também um outro que apresentou durante a Conferência da Academia Norte-Americana de Terapia Magnética em Los Angeles em 1998. Utilizou ímãs estáticos (ou permanentes) e a avaliação foi feita pelos melhores juízes possíveis: os pais das crianças! Segundo eles, os ímãs ajudaram muito na melhora de seus filhos. Alguns disseram ter observado "uma mudança drástica. [A criança] era adorável com a terapia magnética e sem ela... estava prestes a ser dada para adoção".

Mas, antes de passar para o próximo assunto, temos de dar um aviso dos especialistas que realizam estudos sobre magnetismo aplicado ao corpo humano, embora esse tema não tenha nada que ver com crianças índigo. Não devem ser utilizados colchões ou cadeiras magnéticas por períodos prolongados com fins terapêuticos. Essa prática expõe constantemente o corpo a um campo magnético que pode mudar o comportamento de suas células. Utilize esses aparelhos apenas ocasionalmente, não permanentemente. Algumas pesquisas já estão sendo realizadas no sentido de mostrar os efeitos nocivos da exposição permanente do corpo a campos magnéticos. Se a terapia aplicada por profissionais, com todas as precauções necessárias, pode causar tanto efeito, imagine o que pode acontecer quando ímãs e campos magnéticos são empregados de maneira indiscriminada.

Biofeedback e neuroterapia

O que se segue nesta breve discussão sobre *biofeedback* é bastante semelhante ao sistema *HeartMath*, mencionado no Capítulo 2 (49). Lá, falávamos de medições de ondas cerebrais que indicavam felicidade ou caos, raiva ou amor, e, também, de um sistema para ajudar as pessoas a equilibrar seu comportamento. Apresentamos agora uma técnica mais próxima da medicina convencional e que tem sido utilizada já há algum tempo, mas que deve ser mencionada.

Donna King é neuroterapeuta, membro do Biofeedback Certification Institute of America (Instituto de Certificação Norte-Americano de *Biofeedback*) e diretora do Behavioral Physiology Institutes (Instituto de Fisiologia Comportamental) (81), uma faculdade de medicina no estado de Washington. Donna fez uma pequena descrição de suas pesquisas:

> *Gosto de trabalhar com crianças diagnosticadas como portadoras de DDA e TDAH. Utilizo o eletroencefalograma (EEG) para medir suas ondas cerebrais e as ensino como modificá-las até que estejam equilibradas. A melhora é sensível e elas conseguem diminuir ou mesmo eliminar sua necessidade de medicamentos. A qualidade do sono melhora, deixam de urinar na cama e de ter ataques de raiva. Esse método de tratamento chamado Neurofeedback EEG ou Bio-feedback EEG permite às crianças escolher seu padrão de comportamento, ao invés de serem induzidas a ele por meio de drogas ou do mero conformismo (82).*

O *biofeedback* e a neuroterapia não são novidades. Donna nos apresentou diversos documentos que mostram os estudos já realizados sobre o assunto e o tratamento aplicado às crianças(83). Ela afirma que, trabalhando diariamente com crianças, acompanha o tratamento e percebe o quanto a técnica as ajuda. Trata-se de um método aprovado pela ciência e que tem demonstrado excelentes resultados!

Embora não as tenhamos mencionado, existem centenas de organizações e disciplinas de *neurofeedback* e neuroterapia espalhadas pelo mundo. Uma que chamou nossa atenção enquanto líamos o trabalho de

Donna foi a organização chamada The Focus Neuro-Feedback Training Center (Centro de Treinamento com Foco em *Neurofeedback*), que tem trabalhado especificamente com DDA e TDAH(84). Norbert Goigelman, Ph.D., fundou o Focus Center (Centro de Foco) que estuda regulação neuronal (SSNR) e tem licença para praticar o *neurofeedback*. Goigelman possui doutorado em engenharia eletrônica e em psicologia e é especialista em tratamento de pessoas com DDA e TDAH por meio do *neurofeedback*. Segue uma declaração do Centro de Treinamento:

> *Os computadores de hoje são uma alternativa para os portadores de DDA e TDAH que desejam um tratamento sem drogas.* O neurofeedback EEG *é um procedimento seguro, não-invasivo, indolor em que se aplicam sensores de EEG sobre o couro cabeludo dos pacientes (crianças de seis anos ou mais).*
>
> *Esses sensores transmitem as informações sobre a atividade cerebral do paciente para um computador, que pode vê-las no monitor, entender que tipo de padrão seu cérebro apresenta e, a partir daí, aprender a modificá-lo. O progresso é recompensado por* feedback *auditivo e visual.*
>
> *O treinamento em Neurofeedback EEG pode ser comparado a um videogame em que os prêmios (do game) são a melhoria do desempenho escolar ou profissional, aumento da auto-estima e desenvolvimento do potencial inato. Após receberem esse treinamento inicial, os pacientes raramente necessitam de consultas, novos treinamentos ou medicação.*

Integração neuromuscular

Que tal um sistema que, além de tratar do cérebro, como o *neurofeedback*, integre toda a estrutura do corpo no processo de cura? **Karen Bolesky**, membro do Conselho para a Saúde Mental, é consultora certificada em saúde. É formada em psicoterapia e exerce as funções de terapeuta e professora no Soma Institute of Neuromuscular Integration (Instituto Soma de Integração Neuromuscular)(85). Ela é também sua co-diretora.

Esse sistema também tem sido utilizado em crianças com DDA e TDAH com muito sucesso. A Integração Neuromuscular Soma é um tipo de terapia mente/corpo (mente/soma) e altera física e psicologicamente as pessoas. Essa alteração é o resultado de um equilíbrio estrutural do corpo e de um trabalho intensivo sobre o sistema nervoso. A técnica consiste em dez sessões básicas que envolvem manipulação profunda de tecidos, treinamento para movimentos específicos, diálogo entre o profissional e o paciente, relatórios de desempenho e outras ferramentas de aprendizado para reequilibrar o corpo e o sistema nervoso.

Parece ser um tratamento bastante completo. O sistema Soma é parecido com outros, mas, de todos os que vimos, parece ser o único a combinar trabalho miofacial e terapia neurológica. Jan e eu tivemos, também, a oportunidade de conhecer o trabalho do doutor Sid Wolf(86) (que trabalha com uma das colaboradoras deste livro, a doutora Melanie Melvin). Seu foco é a cura miofacial e ele tem obtido excelentes resultados. Por isso, decidimos mencionar o sistema Soma, já que é uma extensão do trabalho do doutor Wolf.

O sistema foi desenvolvido por Bill Williams, Ph.D. Sua equipe descreve o procedimento como "modelo cerebral triplo", metáfora que criaram para explicá-lo. Segundo Karen Bolesky, "o objetivo do Soma é trabalhar com o paciente utilizando o modelo cerebral triplo para gerar um ambiente em que ele desenvolva um tipo de controle e que seu 'cérebro' possa atuar de maneira mais eficaz no momento presente e nas tarefas que vier a se dedicar". Ela explica que se pode acessar o outro "cérebro" além do esquerdo, que é o dominante. Karen afirma que a técnica Soma envolve teoria e prática para reintegrar os três hemisférios do cérebro e permitir ao paciente ter melhor desempenho em suas tarefas, mais bem-estar e maior equilíbrio.

E com relação ao DDA e ao TDAH ela declara:

> *Todos os pacientes diagnosticados como portadores de DDA e TTDAH (...) mostram dominância anômala do hemisfério esquerdo, muito acima do normal, o que os mantém sempre alertas. Pessoas nesse estado sentem medo de perder o controle, de se "libertarem" do hemisfério esquerdo, por isso, acabam dominadas por uma enorme capacidade de concentração, limitada a 16 bits por segundo. Em termos Soma, seus 16 bits são totalmente ocupados! A técnica consiste em trabalhar com o paciente de forma a permitir-lhe o acesso aos três hemisférios do cérebro, o que trará a ele tranqüilidade e desenvolvimento pessoal. Considero o DDA e o TDAH mais como estados de "fixação na dominância do hemisfério esquerdo" do que distúrbios. O Soma trabalha com todo o corpo e transforma as experiências internas da pessoa em um estado mais integrado. Essa integração permite uma troca maior de energia entre o corpo e a mente e uma diminuição no estado de tensão constante.*

✷ ✷ ✷

A técnica Soma: um estudo de caso
KAREN BOLESKY

Um garoto de oito anos, muito inteligente, foi examinado por um médico e, de acordo com seu perfil psicológico, recebeu o diagnóstico de DDA. Após passar por diversos conselheiros escolares e especialistas, a família decidiu me procurar para tentar o Soma como "último recurso", desesperada com o comportamento do menino na escola e em casa. Ele se recusava a obedecer, não ficava quieto, não fazia as lições, era bagunceiro e não aceitava ser responsabilizado por seu comportamento. O aspecto mais complicado era sua agressividade na escola e em casa, pois brigava muito com colegas e com os irmãos . Gostava muito de jogar videogame e jogos de computador, atividades relacionadas ao hemisfério esquerdo e de resultados imediatos. Detestava estar errado e gostava de ficar sozinho quando ficava nervoso. Na escola, muitas de suas brigas eram por causa do computador. Explicou-me que quando estava estressado, queria jogar. Tinha bastante consciência do próprio corpo e sentia desconforto na maior parte do tempo. Dizia que sentia sempre "o cérebro nervoso, mal-estar no estômago, pernas e joelhos inquietos e a espinha mal acomodada". Isso me mostrou que sentia o corpo com muita intensidade, o que devia lhe causar bastante sofrimento.

Fizemos sessões durante quatro semanas, com resultados progressivos. A primeira sessão foi bastante difícil devido à sua dificuldade em se concentrar, mas ele respondeu ao tratamento. Era difícil fazê-lo aplicar a atenção em seu corpo. Ele ria, resistia e tentava se distrair de seu "eu". Deixei então que ele me guiasse, pois, devido ao seu problema de concentração, tinha de encontrar a melhor maneira de agir. Pedi, então, que me avisasse toda vez que sentisse que eu estava sendo muito invasivo. Isso fez com que prestasse atenção e que assumisse o controle da situação. Na semana seguinte ele me contou, orgulhoso, que não brigava mais com as pessoas.

Depois da quarta sessão disse que não queria continuar. "Estou tão bem que não preciso mais vir. Posso continuar sozinho daqui para a frente". Acreditei no que dizia, pois não demonstrou mais agressividade desde a primeira sessão. Está indo bem na escola e em casa. Começou até a jogar futebol.

Quando entregou o controle do hemisfério esquerdo e sentiu a parte central (que governa as sensações físicas e a energia), ele passou a sentir seu corpo como um lugar seguro. Pôde sentir sua energia e reduzir a sensação constante de incômodo. Iniciou, então, o processo de integração, que lhe permite gastar mais energia com menos esforço. Sua saúde melhorou muito desde que tomou consciência da parte central de seu cérebro, e não precisou mais das sessões.

Em suma: se minha teoria estiver correta, o DDA e o TDAH resultam do domínio do hemisfério esquerdo e a integração permite uma ampliação do campo de atenção. A maioria das crianças DDA e TDAH que passaram por sessões de Soma demonstraram sensível melhora e mudança de comportamento. Passaram a desempenhar suas tarefas e focar sua atenção com menor esforço.

※　※　※

Tecnologia *Rapid Eye* (movimentos rápidos dos olhos)

Ranae Johnson, Ph.D., é a fundadora do Rapid Eye Institute, que fica no estado de Oregon, Estados Unidos, e autora de dois livros, *Rapid Eye Technology* e *Winter´s Flower* (Tecnologia *Rapid Eye e* Flor de inverno) (87). A Rapid Eye Technology/RET (Tecnologia Rapid Eye) foi desenvolvida como tratamento alternativo para o autismo! E o *Winter´s Flower* é a história comovente de Ranae em sua tentativa de ajudar o filho autista. Suas pesquisas levaram não apenas a métodos que lhe permitiram ajudá-lo, mas também a várias crianças e adultos DDAs e TDAHs. Segue a descrição da RET:

A Rapid Eye Technology (RET) trabalha os aspectos físico, mental e espiritual do ser humano. No âmbito físico, o paciente aprende a acessar as informações de estresse, armazenadas no corpo, e a eliminá-lo conscientemente, o que o ajuda em todas as circunstâncias para o resto da vida. O corpo passa a equilibrar suas reações químicas, mantendo-se sempre saudável.

No âmbito emocional, o RET facilita a liberação da energia emocional negativa (associada à doença). Os pacientes aprendem como liberá-la ou utilizá-la de maneira positiva em sua vida. No mental, os profissionais orientam os pacientes a utilizar suas habilidades de vida (programa Life Skills). Trata-se de princípios espirituais que nos ajudam a ver a vida sob diferentes perspectivas. Costuma-se dizer que quando fazemos as coisas sempre do mesmo jeito, obtemos sempre o mesmo resultado. O aspecto cognitivo do RET faz com que os pacientes comecem a fazer as coisas de maneira diferente, baseados nos princípios espirituais e percebam sua participação na criação da vida.

No âmbito espiritual, o RET ajuda a lembrar as pessoas de sua perfeição e, libertando-as do estresse, faz com que se conscientizem de sua natureza espiritual. Isso lhes permite determinar seus objetivos de vida e evitar o "vácuo existencial" que resulta em doenças.

A Rapid Eye Technology (RET) age no sistema límbico por intermédio dos olhos e dos ouvidos. O sistema límbico é a parte do cérebro responsável pelo processamento das emoções. Os olhos estão ligados a ele por uma parte do corpo chamada núcleo geniculado lateral e, às orelhas, através do núcleo geniculado medial. Essa conexão permite aos pacientes processar o estresse em nível celular, por meio da glândula pituitária, que regula as funções bioquímicas do corpo. E por meio do hipocampo (outra parte do sistema límbico) e das demais áreas do cérebro relativas à memória eles podem acessar e eliminar o estresse relacionado a acontecimentos prévios em sua vida.

Quando estávamos compilando o material para este livro, recebemos uma carta da equipe de treinamento do Instituto Rapid Eye(88) com a seguinte descrição:

Somos um grupo de 12 pessoas de idades variando entre seis e 30 anos que se encaixa em sua descrição de crianças índigo. Todos já *fomos diagnosticados como DDAs, TDAHs e autistas, entre outros distúrbios. Nosso trabalho é orientar os pais por princípios universais (o chamado programa Life Skills) e temos obtido excelentes resultados.*

E a fundadora declarou:

As técnicas Rapid Eye e o programa Life Skills ajudaram meus filhos e netos, além da centena de outros técnicos que nos procuram para receber treinamento e seus pacientes a facilitar sua vida e a assumir o controle de sua jornada. É fascinante ver nosso padrão de tratamento médico associado a várias modalidades alternativas, formando um conjunto eclético de cura.

A Técnica EMF Balancing (equilíbrio EMF)

EMF Balancing Technique® é uma das técnicas mais novas (e que chamam mais a atenção) na área de metafísica. É bastante semelhante à chamada *hands-on*, que cura através da energia do corpo, mas apresentou resultados tão surpreendentes que a própria Nasa decidiu estudá-la! Vale a pena saber mais sobre a técnica que "não é fácil de explicar, mas que funciona". **Peggy** e **Steve Dubro**, que a desenvolveram, viajam pelo mundo todo dando treinamento(89). Algumas informações que obtivemos em seu *website*:

A EMF Balancing Technique é um sistema de energia desenvolvido para trabalhar com o chamado Universal Callibration Lattice (Ordem de Calibragem Universal), um modelo da energia da anatomia humana. Trata-se de um procedimento sistemático e simples que qualquer pessoa pode aprender. Utiliza o efeito do contato entre os seres humanos sobre o campo eletromagnético... [Integra] espírito (O Eu Divino) e a biologia. Há quatro fases, cada uma associada ao desenvolvimento dos padrões EMF necessários para se criar nossa realidade na nova energia.

O interesse da Nasa? Aparentemente, uma empresa chamada Sonalysts candidatou-se a uma concessão para estudar a técnica. A EMF participou apenas com o treinamento e com os exercícios para testar os efeitos da consciência da energia do campo eletromagnético sobre o "aumento de desempenho de equipes" e a "melhoria do processo de manutenção da saúde do corpo", ou, melhor dizendo, para estimular a consciência coletiva integrando a parte espiritual à biológica!

Nosso conselho é: vá em frente e deixe-se surpreender, depois mande os seus índigos, eles não se espantarão...

5

AS MENSAGENS
DOS ÍNDIGOS

NESTE CAPÍTULO APRESENTAREMOS ALGUNS ÍNDIGOS adultos, ou quase. Uma das dificuldades de se encontrar índigos com mais idade e que nos dessem depoimento foi o fato de a classificação "índigo" ainda ser muito recente. Não fosse um pequeno capítulo que incluí em meu último livro, *Partnering with God* (Em parceria com Deus), não teríamos todas estas histórias. Elas nos foram enviadas no ano passado depois de sua publicação. Mas quando este livro for publicado, com certeza, muitas pessoas descobrirão que são índigo ou que têm filhos ou parentes índigo. Sabemos disso porque centenas de pessoas que já participaram de nossos seminários no mundo todo perceberam que o assunto também se refere a elas.

Ryan Maluski tem pouco mais de 20 anos. Índigos desta idade foram os primeiros a nascer e a receber diversos diagnósticos de problemas e distúrbios, mas como o DDA não era tão conhecido na época, acabaram sendo considerados portadores de doenças mentais ou de qualquer classificação "fora do normal". E isso só piora quando consideramos o fato de que muitos índigos mais velhos falam abertamente de assuntos espirituais, embora em alguns países essa característica seja mais facilmente aceita.

Tente identificar a seguir na história de Ryan as características índigo que mencionamos nos capítulos anteriores.

✳ ✳ ✳

Como é ser uma criança índigo
RYAN MALUSKI

Não é fácil descrever meus sentimentos de criança índigo, pois há muito a dizer. Além disso, não tenho idéia de como é não ser índigo, o que torna a tarefa ainda mais difícil. Mas posso começar dizendo que sempre soube que faço parte deste planeta e sempre tive plena consciência de como as coisas funcionam no universo e de quem sou. Entretanto, por mais estranho que pareça, escolhi crescer e me envolver com pessoas, locais e situações que nada têm que ver com meu Eu. Você consegue imaginar, então, a gama infinita de possibilidades de experiências e diversão nesse cenário de minha vida? Desde pequeno vivi muitos desafios, me senti muito diferente e muito só. Era como se vivesse rodeado de alienígenas que, após invadir minha casa, tentassem me modificar para que me tornasse um deles. Se quiser uma descrição ainda mais precisa, me sentia como um rei trabalhando como empregado e tratado como escravo.

Minha família é de classe média, católica e morávamos no bairro de Westchester County, em Nova York, quando eu era criança. Escolhi bem meus pais, que sempre foram muito carinhosos e minha irmã, que é cinco anos mais nova do que eu. Tinha sempre muita febre e convulsões quando pequeno. Quando isso acontecia, eu era levado para o hospital e mergulhado em gelo. Tomei fenobarbital durante dois anos para diminuir as convulsões. Minha mãe percebeu que eu piorava quando ficava no meio de muitas pessoas e por isso me mantinha o mais longe possível de multidões. Seus amigos e parentes achavam aquilo muito estranho e nunca a entenderam, mas ela sabia que era a coisa mais certa a fazer. Meus pais me deram tudo o que puderam, inclusive atenção e amor. Íamos ao zoológico quase todos os dias. Lembro-me de me sentir como se todos os animais ali fossem meus. Um dia soltei as cabras de seu cercado para passearem pelo parque. Foi muito divertido. A primeira vez que fui a um circo tive uma experiência interessante. Minha mãe conta o seguinte:

> Ryan tinha dois anos quando o levamos ao circo. Havia lugar para ele se sentar ao meu lado, mas fiquei tão animada que o coloquei em meu colo para que não perdesse um detalhe sequer. E ficava mostrando: "Ryan, veja isso! Ryan, olhe só aquilo! Veja os palhaços e os elefantes!" De repente ele se virou, me deu um tapa no rosto e voltou a assistir ao espetáculo. O médico disse que eu provavelmente o estimulei em excesso e que deveria deixá-lo mais à vontade para fazer as coisas ao seu modo.

Quando eu tinha uns sete anos comecei a perceber que agia de maneira diferente das outras pessoas. Se ia a uma loja de doces, por exemplo, e alguém me pedia para escolher o que queria, eu pegava apenas o que tinha vontade de comer naquele momento. A funcionária do caixa estranhava meu comportamento, pois a maioria das crianças costuma pegar tudo o que vê pela frente.

No Natal, eu ganhava muitos presentes, mas quando abria o primeiro ficava brincando com ele durante um bom tempo. Minha mãe vinha então me lembrar de abrir os outros. A verdade é que eu já me sentia tão grato por aquele presente que me concentrava totalmente nele e podia passar um dia inteiro sem pensar em qualquer outra coisa.

Quando eu era pequeno, conseguia olhar um objeto e sentir todo o meu ser se concentrando nele, quase como se estivesse saindo de meu corpo. Conseguia vê-lo mais de perto, sob todos os ângulos e cada um dos sentidos que despertava em mim eram ampliados naquele momento. Comentava sobre isso com meus amigos, mas eles não tinham a mínima idéia do que se tratava. Sentia-me estranho, incompreendido e "errado".

O ensino médio foi o período de maiores desafios e de mais sofrimento em minha vida, pois é quando todos os adolescentes se comparam uns com os outros e ser aceito é a coisa mais importante. Qualquer diferença nessa fase parece mil vezes ampliada e eu me sentia muito diferente dos outros. Antes disso eu tinha muitos amigos e me encaixava bem em qualquer grupo, mas com o tempo fui me distanciando de todos e passei a viver em um mundo só meu. Sentia muita solidão e isso me causava raiva. Tudo o que eu mais desejava era ser "normal".

Quando fiz 15 anos, contei a meus pais como me sentia: deprimido, paranóico e diferente. Tinha ataques de ansiedade e agia de maneira estranha. Seguia rituais obsessivo-compulsivos sem lógica, mas que me davam segurança. Além disso, ouvia vozes negativas, deprimentes e manipuladoras dentro de minha cabeça. Minha mente e minhas emoções eram descontroladas, tinha de me esforçar muito para me concentrar. Não conseguia me controlar e me sentia como uma fonte de energia de 10.000 volts em uma pequena bateria ou como um fio elétrico desencapado e sem contato com o chão. Tinha "tiques" eventuais, a chamada síndrome de Tourette. Meus pais me levaram então aos médicos, diversos médicos.

Equilibrava meu caos interior com humor e era o palhaço da classe. Fazia qualquer coisa para receber atenção, até mesmo ser considerado maluco, contanto que rissem. Era minha única maneira de interagir com as pessoas e de ser notado.

Mas havia momentos em que eu me isolava e criava um cenário completo em minha mente, como se fosse uma peça teatral em que eu podia desempenhar os papéis que escolhesse e da maneira que desejasse. Às vezes, começava a rir histericamente e quando me perguntavam o motivo, minhas explicações não faziam o menor sentido para as pessoas.

Ser engraçado me fazia esquecer os problemas "esquisitos", afinal rir é muito bom. Mas também era imprevisível e mudava de comportamento e de humor sem qualquer aviso. Era chamado de maluco e psicótico e acreditava realmente nisso. É como eu me sentia. Achava que jamais me livraria daquela prisão em que vivia. Alguns medicamentos me ajudaram durante certo tempo, mas sempre surgia algo novo. Quando estava com 15 anos um dos maiores especialistas mundiais em síndrome de Tourette disse que eu era o caso mais raro que já tinha visto. "Parece que quando estamos conseguindo controlar um problema, outro surge. Ele tem uma combinação muito complexa de distúrbios. Nunca vi nada igual".

Com o passar do tempo, comecei a sentir até orgulho de ser um caso tão raro, pois isso significava que ainda havia esperança. Os medicamentos já não conseguiam mais eliminar a dor e a confusão que eu sentia, mas descobri que o álcool conseguia. Comecei a me trancar em meu quarto e beber até "ver meus problemas desaparecerem". Ficar dopado me fazia sentir em um mundo mais seguro e acessível e descobri depois que os cigarros me faziam sentir um pouco mais normal.

Aos 16 anos comecei a tomar novos medicamentos, pois estava hiperativo. Houve uma noite em que eu estava tão agitado, pulando pela casa, que minha mãe e eu decidimos telefonar para o médico. Ele recomendou que eu tomasse mais um comprimido, mas isso só me deixou ainda mais agitado. Telefonamos então para outra médica para confirmar a informação e ela disse que as pílulas provavelmente estavam causando aquela reação. Então, quando já estava quase enlouquecendo, pedi à minha mãe que me desse alguma bebida alcoólica para me ajudar. Era um sofrimento insuportável. Pensei muito em morrer para acabar com aquilo tudo. Sentia-me aprisionado em meu corpo.

Quando estava no último ano do ensino médio fiquei tão desesperado que aceitei a sugestão de meu psicólogo e pedi para ser internado em um hospital psiquiátrico, mas não tinha idéia do que estava fazendo.

Fiquei internado com cerca de 25 outros adolescentes e crianças de idade variando de oito a 18 anos. Sentia-me bem ali ao ver a variedade de problemas que todos tinham. Da primeira vez, fiquei internado durante um mês. Depois de alguns dias comecei a observar que quase todos os internos vinham conversar comigo quando estavam tristes. Abriam-se e seguiam todos os meus conselhos. Os funcionários do hospital não gostaram muito disso, pois não entendiam como um "paciente maluco" podia ajudar os outros. Eles eram o espelho da prisão que eu tinha em meu interior, só que desta vez era algo real e assustador.

Uma noite tomei consciência da realidade e do que estava me acontecendo. Tive uma crise e quebrei tudo no quarto, gritando sem parar: "por que justo eu?" Em meu primeiro dia de internação tinha visto alguns pacientes em crise e para onde os levavam. Os funcionários os seguravam no chão e lhes aplicavam injeções de *Torazina*. Então, ficavam presos, amarrados a uma cama em um quarto isolado até se acalmarem. Passavam por um período de isolamento total, sem direito a visitas, telefonemas, televisão e sem sair do quarto, mas tinham de "deixar a porta aberta" para serem vigiados pelos funcionários vinte e quatro horas por dia. Como amava demais a liberdade, nunca me permiti chegar a esse ponto.

O aspecto mais frustrante das regras do hospital é ver que são mantidas e reforçadas por muitas pessoas com problemas. Conseguia ver seus distúrbios porque tenho a habilidade de "ler" a personalidade das pessoas. Minha família e meus amigos vinham sempre me visitar e me davam muito apoio. Passei meu aniversário de 18 anos no hospital e perdi até o baile de formatura. Não me sentia um homem. Tinha razões demais para ter autopiedade em excesso. Dizia sempre: "Ainda vou superar tudo isso e ensinar a todas as crianças como se curarem também. Tenho certeza de que há uma solução".

Quando terminei o ensino médio e não quis ir para a faculdade, meus pais entenderam. Sempre tive tendência para estudar sozinho e comecei a me sentir atraído por livros como magia Wicca e técnicas que trabalham com energia, auto-ajuda e coisas do tipo. Era tudo o que eu precisava! Esses estudos me davam esperança e me faziam sentir bem. Mesmo quando estava sozinho em meu quarto, sempre senti como se alguém estivesse observando cada movimento meu, avaliando e anotando tudo. Por isso, ia até uma floresta, pois era o único lugar em que conseguia realmente me sentir sozinho para pensar, me equilibrar e entender meus sentimentos quando perdia a noção de quem realmente era.

Um outro aspecto de ser índigo com o qual tive de conviver durante toda a infância é uma raiva descomunal, pois ninguém entendia meus sentimentos quando tentava descrevê-los. Então deixei de tentar explicar. Sentia que vivia em uma freqüência diferente das pessoas e era como se estivesse sempre pronto a explodir. Então jogava as cadeiras contra as paredes, agredia as pessoas ou simplesmente bebia até a raiva passar.

Era como se eu estivesse me "expandindo", mas como isso não é considerado algo normal, me davam medicamentos para tentar controlar esse sentimento. Contudo, trata-se de um tipo de expansão que não pode ser controlada ou contida. Estou até hoje em constante expansão. *Isso é ser índigo.*

Uma das experiências mais incríveis que já tive foi a *EMF Balancing Technique*®, de Peggy Dubro(89). Trata-se de uma reorganização da energia eletromagnética do corpo. Senti uma mudança drástica já na primeira fase, como se cada um dos circuitos de meu corpo tivesse se completado. Todas as pequenas vias de meu organismo e os campos que ainda demandavam cuidados de energia pareciam recolocados no lugar. Passei a me sentir muito mais estabilizado, com mais controle e equilíbrio.

Era maravilhoso estar em paz, no controle de minha mente e corpo e entender minhas emoções. A raiva e o mau humor agora eram liberados facilmente e desapareciam. *EMF Balancing* me fez muito bem e acredito que todos os índigos deveriam aprendê-la. Na verdade, creio que todas as pessoas neste planeta deveriam experimentar a técnica para ter mais controle sobre sua vida e facilitar seu dia-a-dia.

Outra mudança radical ocorreu quando comecei a ingerir a chamada alga azul-esverdeada. Depois de três dias, minha vida já estava ficando melhor. Sentia os circuitos de meu corpo se conectando e se expandindo totalmente. Passei a me sentir mais calmo e minha concentração e memória melhoraram consideravelmente. Fui invadido aos poucos por uma grande sensação de controle e de equilíbrio que jamais havia experimentado. Posso dizer que esse superalimento salvou minha vida e também o recomendo a todos os índigos.

É muito importante para mim ficar sozinho durante algum tempo. É nesses momentos que me abro e me equilibro mais. Saio então do ritmo do dia-a-dia para simplesmente observar os acontecimentos como se estivesse assistindo a um filme. Quando passo muito tempo sem esse momento de paz comigo mesmo começo a ver somente o que está ao meu redor e fico confuso e frustrado. Quando estou sozinho enxergo melhor minha vida como um todo e entendo por que estou enfrentando determinados desafios. Vejo meu caminho na floresta, aonde chegarei se continuar caminhando nele e também os becos sem saída onde a folhagem cobre todas as passagens e precisa ser aparada.

É quando percebo que o amor envolve tudo, especialmente a mim mesmo. Se algo me irrita, nesses momentos consigo me acalmar e ver a situação sem julgá-la. Não tenho dificuldade para interagir com as pessoas, mas quando estou sozinho algo mágico acontece: minha intuição se amplia e me sinto no controle de minha vida. Volto então para o dia-a-dia mais consciente das situações e de como lidar com elas.

É muito importante que respeitemos o espaço e a privacidade das pessoas. Quando estou sozinho na floresta posso ser eu mesmo. Posso falar com as árvores e com toda a vida ao meu redor e sinto que me amam e me aceitam exatamente como sou, sem críticas ou julgamentos, pois cresci me sentindo julgado e diferente. Se eu tivesse um filho índigo o trataria de maneira bem diferente. Daria a ele, desde o início, superalimentos como a alga azul-esverdeada para mantê-lo em um alto nível vibratório e ensinaria a ele técnicas para garantir o equilíbrio e também *EMF Balancing*. E faria com que tivesse plena consciência de suas características não como aspectos negativos, mas sim como verdadeiros dons.

Talvez nem o matriculasse em uma escola. Falaria com outros pais para formarmos grupos e ensinarmos nossos filhos sobre o que realmente precisam saber: espiritualidade, sua real identidade, como se expressar, como liberar a raiva, obter auto-estima, amar e valorizar a si mesmos, às outras pessoas e seguir sua intuição. A escola sempre foi para mim um local muito entediante. Estudar o passado e suas teorias não fazia o menor sentido. Tudo o que eu sabia era que tinha muitas dificuldades no presente e que o futuro era algo negro e incerto.

O sistema de ensino precisa ser urgentemente reestruturado. É absurdo ver um ser humano em desenvolvimento ser tratado como alguém sem valor ou como marginal. Os professores precisam ser pessoas mais equilibradas e ter um treinamento melhor. Muitos deles descarregam nas crianças todo o resultado de seu desequilíbrio. O mesmo ocorre em hospitais psiquiátricos. Os pacientes deveriam ter liberdade para se conectar com o mundo e não ser tratados apenas com medicamentos e isolados uns dos outros.

Os índigos têm ferramentas diferentes para lidar com a vida. Enquanto uma criança comum tem pás para cavar, os índigos têm tratores e escavadeiras. Conseguem cavar mais rápido, mas também muito fundo e sua queda pode ser grande. Se não tiverem equilíbrio, não encontram escadas para subir, ou seja, acabam usando seus dons contra si mesmos.

※ ※ ※

Ryan não foi orientado na elaboração desse depoimento. Entramos em contato com ele porque soubemos de sua história. Ele o fez à sua própria maneira, como se pode ver. O termo "expansão" não faz muito sentido, mesmo quando ele tenta explicar. Ele é o índigo padrão. Já seu nível de humanitarismo é impressionante. No hospital psiquiátrico, ele ajudava os outros internos e se tornou uma referência para eles. E dizia que superaria suas dificuldades e ensinaria às outras crianças como superá-las também. Preocupa-se sempre em *identificar* os problemas para que outras pessoas possam enfrentá-los. E sabe, instintivamente, que há outros como ele.

Vive constantemente no "momento presente" e no que "existe" e não fica imaginando o que pode vir a ser. É o clássico índigo, que não consegue ver as conseqüências de suas ações. Os presentes de Natal, os doces, o desejo de ser simplesmente ele mesmo e de ficar sozinho mostram sua maneira de viver o "agora". Trata-se de uma consciência incomum para uma criança, pois a maioria das pessoas desenvolve essas característi-cas bem mais tarde. Isso fez com que fosse considerado "esquisito". Mas ele diz: "Estou em constante expansão. Isso é ser índigo".

Ryan consegue "ler" a personalidade das pessoas, mas não gosta muito de falar no assunto porque muitos consideram isso estranho. Para nós, trata-se simplesmente de captar a energia que existe ao redor das pessoas e tomar decisões inteligentes com base naquilo que é visto. Os adultos chamam isso de intuição. Ryan sempre teve esse dom e ficava muito frustrado ao "ver" que seus professores e médicos tinham energia tão desequilibrada. É um dom que pode se tornar um peso se não for totalmente compreendido.

Ele sempre se sentiu um ser evoluído, mas ninguém parecia en-tender essa sua característica. Como já dissemos, os índigos se sentem como nobres. Ele se via como rei, mas trabalhando como empregado e sendo tratado como escravo. A escola também era um problema para ele, pois não conseguia entender por que os professores não reconheciam o valor de seus alunos.

As referências à alga azul-esverdeada e à Dubro *EMF Balancing Tecnique* nos surpreenderam. Não sabíamos que ele as utilizava e percebemos que fala delas como se estivesse fazendo propaganda, obviamente porque o ajudaram muito.

Ficamos imaginando como os pais de Ryan sobreviveram a todas aquelas dificuldades. Hoje, Ryan é um filho equilibrado, feliz, estável e muito carinhoso. Isso mostra que sempre há esperança, mesmo quando achamos que alguém em nossa vida já não tem futuro. Jamais desista!

❊ ❊ ❊

Recebemos a seguinte carta, curta, mas muito carinhosa, de **Cathy Reiter**, outra menina índigo:

> *Tenho 16 anos. Sinto que sou um ser de luz e sempre me frustrei ao tentar entender as ações, pensamentos e sentimentos das pessoas de minha idade. Mas acabei de conhecer alguém que pensa como eu e que também tem muita luz. Foi realmente uma surpresa encontrar alguém como eu imaginei a vida toda, que tem experiências parecidas com as minhas.*
>
> *Li sobre seu trabalho com os índigos e fiquei muito aliviada ao saber que existem outras crianças e adolescentes tão frustrados quanto eu.*
>
> *O fato de poder escrever para vocês e de saber que minha declaração é levada em conta me faz crer que ainda existe esperança. Vocês recebem muita correspondência de pessoas da minha idade? Não sei ainda o que vai ser de minha vida, mas sei que devo continuar minha jornada e ver aonde tudo isso irá me levar.*

Cathy nos escreveu, assim como Ryan, após ler a menção sobre as crianças índigo no livro *Partnering with God* (Em parceria com Deus). Ela não se define como alguém inteligente e sim "iluminada". Encontrou as informações sobre os índigos sozinha ao ler o livro, que trata de auto-ajuda e metafísica! Além disso, sempre esteve à procura de alguém como ela. Está muito feliz por ter encontrado, pois sente que a maioria das pessoas não a compreende. Se Cathy é realmente índigo (o que achamos que é), deve se sentir muito sozinha. Hoje a maior parte dos índigos tem entre seis e dez anos de idade[1]. Ela é uma daquelas que vieram abrir caminho para todos os outros, assim como nossa próxima colaboradora índigo, **Candice Creelman**.

※ ※ ※

Amar acima de tudo
A experiência de ser índigo
CANDICE CREELMAN

Sempre senti que era uma pessoa diferente, mas nunca soube direito por quê. Lembro-me até hoje do meu primeiro dia na pré-escola, quando me aproximei de um grupo de crianças que estava perto da professora. Senti imediatamente que havia algo estranho e que eu não fazia parte daquele grupo. Daquele dia em diante, as outras crianças começaram a me tratar como se eu fosse um alienígena. Não me lembro exatamente o que diziam, mas me faziam sentir que eu não merecia fazer parte do grupo. Isso continuou durante toda a minha fase escolar até a faculdade e faz parte de minha vida até hoje.

A escola sempre foi um problema para mim, não apenas porque eu era considerada "diferente", mas porque sabia que a maior parte do que estava aprendendo era inútil e não fazia parte do mundo real. Sabia

---

1. O original deste livro foi publicado em 1999. (Nota do Tradutor)

LEE CARROLL & JAN TOBER

que jamais usaria aquelas informações e por mais que tentassem me convencer sempre soube que não me serviriam para coisa alguma, com exceção de leitura, escrita e matemática básica. Mais tarde, pude comprovar que estava certa. Uma coisa que sempre me incomodou, principalmente à medida que se aproximava o final dos cursos, era que toda a metodologia se baseava em repetirmos as informações que os professores nos passavam sem qualquer possibilidade de emitir opiniões ou conclusões próprias. Ficava imaginando como isso nos ajudaria no mundo real.

O fato de sentir toda aquela frustração e de ficar entediada na escola acabou fazendo com que eu não fosse muito bem. Posso dizer que tive muita sorte. Terminei o ensino médio com notas mínimas suficientes para passar e não ter mais de ver meus colegas. Mas tive de continuar estudando na faculdade e, de certa forma, até os dias de hoje.

Meus pais sempre me deram muito amor, mas jamais conseguiram imaginar o que eu sentia. Minha mãe sempre dizia: "Todas as crianças riem das outras" ou "crianças são muito cruéis" e algo que me faz rir até hoje, que é "simplesmente as ignore e elas vão deixá-la em paz". Mas não era tão fácil assim. Quanto mais as ignorava, mais elas me importunavam.

Em vez de passar minha infância como as outras crianças, passei a maior parte do tempo no porão de minha casa ouvindo música com meus pais, o que aliviava um pouco os meus problemas. Então, a música acabou sendo a minha carreira. Nem é preciso dizer que minha auto-estima sempre foi baixa e até hoje me lembro de ouvir as pessoas dizendo que eu era esquisita e fracassada. Fui fazer um retiro espiritual há algum tempo e, chegando lá, não me senti à vontade. Era como se tivesse voltado aos tempos de escola, o que significa que nem todo o sofrimento cicatrizou. Por sorte, hoje estou mais madura e conheço técnicas que me permitem o aprofundamento de meus sentimentos e a cura dessas velhas feridas.

Um dia, quando estava no último ano do ensino médio, tomei coragem e decidi perguntar a alguém por que todos me tratavam daquela maneira. Estava perto da escola e uma garota que tinha estudado comigo desde o primeiro ano passou por mim. Decidi que seria ela e, sem pensar, perguntei: "Você pode me dizer por que todos me tratam mal desde o início?" Ela olhou para mim da maneira mais inexpressiva possível, fingindo não saber do que eu estava falando. Insisti e ela acabou concordando. Perguntei então o que eu tinha feito para receber aquele tipo de tratamento.

Ela começou a disfarçar, tentando evitar a resposta. Mas como eu não desistia, parou para pensar, mas só conseguiu dizer: "Porque você é diferente". Então, as únicas coisas que consegui dizer foram: "Diferente como? E mesmo que seja, isso não justifica tudo o que vocês disseram e fizeram durante esse tempo todo".

Naquela época, eu não tinha idéia de que o motivo era eu ser tão diferente, mas nos últimos anos comecei a perceber. Hoje fico até feliz por ter tido todas essas experiências porque, apesar de terem sido terríveis, me tornaram mais forte. Passei minha infância e adolescência completamente sozinha, pois não tinha ninguém com quem pudesse me abrir. Mudei-me então para Toronto, no outro lado do país, e morei lá por dois anos e meio, mas fui "forçada" a voltar para casa em Edmonton, porque minha mãe ficou doente. Mas acabou sendo a melhor época de minha vida, pois consegui finalmente deixar o passado para trás.

Essa experiência desenvolveu minha habilidade de entrar em contato com minhas emoções. Encontrei, inclusive, um grupo de pessoas com as quais me sentia realmente entrosada. Nunca tinha sentido isso, mas percebi que tais amigos me fizeram ter mais autoconfiança. Agora estou aprendendo a não me esconder dentro de mim mesma. Descobri que sou uma pessoa bonita. Agora estou em Toronto novamente e me sinto bem melhor comigo mesma e tenho mais controle sobre minha vida.

Foi difícil voltar porque nunca tinha me sentido fazendo parte de um lugar antes, mas também sentia que tinha muito a fazer em Toronto. Tinha aprendido que não podia fugir dos meus fantasmas internos. Cedo ou tarde teria de enfrentá-los, e foi o que aconteceu em meu retorno a Edmonton. Aprendi muito sobre meu passado e sobre o que ele significava.

Descobrir sobre o fenômeno índigo também me fez entender melhor quem e o que sou e por que estou neste mundo agora. Ajudou a curar as feridas do passado para que eu pudesse continuar minha vida como um ser humano mais confiante. Decidi colocar toda essa energia acumulada na música e em escrever sobre as coisas realmente importantes da vida.

Costumo encontrar muita resistência das pessoas quando falo que me sinto "à frente" de meu tempo. Tudo o que já aprendi e senti está bastante além do que a maioria das pessoas sequer consegue imaginar. Isso é muito frustrante e me entristece, principalmente porque, quando cometo o erro de comentar essas coisas "que sei" com pessoas que não as entendem, a resposta delas é sempre que sou eu que não entendo as coisas, que sou jovem demais para saber tanto ou que sou muito pretensiosa ao dizer que estou "além" das pessoas que conhecem mais sobre o assunto.

Bem, devo dizer que a experiência física não está relacionada à sabedoria. Qualquer pessoa, de qualquer idade, pode ter acesso a ela. Depende apenas do quanto está aberta para recebê-la, e não de quanto já viveu.

Cresci muito espiritualmente durante o tempo que fiquei em minha cidade. Descobri em meu curso de nível avançado de reiki que estava à frente de muitas pessoas ali, inclusive de algumas que já o praticavam havia vários anos. Aprendi tudo tão rápido que terminei o curso em um ano. Meu único erro (se é que se pode chamar de erro) foi comentar sobre o meu desenvolvimento com meus colegas. Percebi que muitos deles ficaram com raiva ao saber que o reiki era tão fácil para mim. Tentaram me dizer que eu não havia absorvido bem alguns detalhes ou que talvez não tivesse entendido bem a teoria, mas sei que não foi isso que aconteceu. O curso foi bastante divertido, mas um tanto básico para mim.

Quando me ouvem falar assim, as pessoas logo pensam que se trata de presunção da minha parte. Tive a mesma experiência com outro professor recentemente. Ele disse que eu estava sendo muito pretensiosa e me criticou a tal ponto que me abalou. Mas não posso negar o que eu sei nem provar como aprendi. Sei apenas que é um conhecimento que faz parte de mim.

Não considero o fato de ser índigo algo tão especial assim. Estou falando tudo isso porque sei que este livro pode ajudar as pessoas a compreenderem o que somos. Para mim, tudo isso só ajuda a entender melhor as experiências que tive até hoje. No início eu odiava ser diferente, mas agora que entendo passei a ver que é uma maneira de viver uma grande aventura. Acordo todos os dias me sentindo como uma criança no dia de Natal. Jamais pensei que me sentiria dessa maneira novamente. Mas aqui estou, aproveitando cada dia e descobrindo as maravilhas da vida. Qualquer pessoa pode ver além do óbvio, embora os índigos "percebam" o universo um pouco mais cedo.

Pela minha experiência, o melhor conselho que posso dar às pessoas que convivem com os índigos é tentar *compreendê-los*. Precisamos mesmo de muito carinho e apoio, e não de isolamento. Temos muita necessidade de sentir que somos amados e valorizados, pois somente assim podemos nos expressar livremente e sem medo de sermos "diferentes". Quantas vezes desejei apenas uma coisa: que alguém me dissesse que me amava e que eu era especial, não apenas por dizer, mas de uma maneira que me lembrasse do motivo de estarmos aqui.

Olhar para nós e dizer "olhem, é uma daqueles índigos! Vejam que diferente" não nos ajuda em nada. Basta dizer que não há problema em sermos dessa maneira e nos deixar ser nós mesmos. Aquela música que diz "all you need is love" ("tudo o que você precisa é amor") se aplica a todos, não apenas aos índigos. Deveria ser o hino do planeta, pois é para amar que estamos todos aqui. Aquela história de o paraíso ser a própria Terra não é mera imaginação, mas somente o início. Infelizmente, nem todos conseguem enxergar isso, mas os índigos conseguem. A nova era já chegou; o que falta é todos acreditarem nela.

※　※　※

Candice tem muitas coisas em comum com Ryan e com a maioria dos índigos. Tem pouco mais de 20 anos e sempre se sentiu mal por ser diferente e ficar isolada das outras pessoas. Isso fica muito claro quando ela fala de suas experiências na escola. Pode acreditar que ainda haverá muita controvérsia sobre o assunto educação, principalmente porque os próprios educadores dizem isso. Candice se sentia diferente porque tinha "consciência" de saber mais do que os outros e isso não permitia que se adaptasse.

Outra coisa muito interessante é o fato de ela saber que é uma pessoa iluminada e que já parecia saber o que outros alunos ainda estavam tentando aprender. Aulas que falavam sobre técnicas antigas pareciam ser meras lembranças para ela, e essa é mais uma das características dos índigos. Quando tentamos ensiná-los alguma coisa, eles parecem ficar entediados e querem ir direto ao final da história ou preferem nem continuar. Para a maioria das pessoas, isso parece um tipo de obstinação, mas a verdade é que elas já entenderam o assunto, então para que continuar a explicação? Não é apenas uma questão de inteligência, mas sim de sabedoria. A descrição de Candice mostra isso claramente, e ela mesma diz que não se trata de presunção, mas sim de realidade.

Assim como Ryan, ela gostava de ficar sozinha para poder parar, pensar e fazer as coisas à sua maneira, ainda que em sua velocidade acelerada. Isso também servia como defesa em relação às pessoas que a atormentavam. Embora se sentisse alguém especial, os colegas e professores a rebaixavam de tal maneira que sua auto-estima ficava abalada. Apesar de os índigos se sentirem constantemente "em expansão", como descreve Ryan, esse aspecto de sua personalidade pode ser destruído com o tempo.

Foi o que aconteceu com ele e com Candice. Por sorte eles conseguiram recuperar o equilíbrio! Os dois acabaram entendendo que era bobagem tentar explicar às pessoas o que eles sentiam. Isso só fez com que os colegas se distanciassem deles cada vez mais. Mas na época eles não entendiam isso e tentavam ser sempre sinceros. Hoje, percebem que deveriam ter ficado calados e deixado que o mundo descobrisse quem eram. Ficamos imaginando como tudo isso deve ter sido difícil para eles.

Ryan, Cathy e Candice começaram a estudar sobre o mundo espiritual *sozinhos*. Como já dissemos, os índigos preferem aprender assim. Podem ter um excelente relacionamento com as igrejas e seus parâmetros desde que sintam que exista nelas amor verdadeiro. Os princípios do amor universal os fazem sentir-se "em casa".

Qual era, então, a coisa mais importante para Candice? Amor. E a maioria dos colaboradores, educadores e especialistas deste livro disse a mesma coisa. O desejo de Candice de ser amada e respeitada era maior que todos os seus outros sentimentos. Sua mensagem? *Que todos simplesmente amem as crianças índigo!*

6

CONCLUSÕES

Mensagem de Jan Tober

ENQUANTO PESQUISÁVAMOS AS CRIANÇAS ÍNDIGO, UMA coisa ficou muito clara para nós: embora se trate de um grupo relativamente novo, as crianças índigo demonstram grande sabedoria e nos mostram uma maneira mais carinhosa de agir, não somente com eles, mas com todas as pessoas.

Pensamos que este seria um livro sobre crianças dirigido aos pais, professores e educadores, mas descobrimos que deve ser lido por todos. Essas crianças nos fazem ver que podemos eliminar palavras como *culpa* e *vítimas* de nosso vocabulário e substituí-las por outras como *esperança*, *compaixão* e *amor incondicional*. Mas nada disso é novidade. Os Pequeninos vieram simplesmente para nos dar a oportunidade de colocar tudo isso em prática.

Permitem que os vejamos exatamente como são, para que também possamos ver a nós mesmos. Têm o dom divino de nos ajudar a:

∾ viver o momento presente em *todos* os nossos relacionamentos;

∾ ser responsáveis por aquilo que dizemos e planejamos, tanto consciente quanto inconscientemente;

- ser responsáveis por nós mesmos;

- ver que são "seres nobres" e que refletem a nobreza em cada um de nós. Afinal, não somos todos a mais pura essência da nobreza e seres espirituais vivendo uma experiência física aqui na Terra?

Enfim, os índigos possuem mais uma rara dádiva: à medida que aprendemos a respeitá-los e nos tornamos pais mais completos, descobrimos que em nós há uma criança. Quando elas pedirem para brincar, arranje um tempo! Disponibilidade é algo que criamos. Se a vida para nós já se tornou tão séria a ponto de não podermos mais brincar, rir, sair para tomar chuva e correr na lama, estamos perdidos. Um sábio disse certa vez: "O segredo da vida não está naquilo que recebemos e sim no que fazemos com o que temos".

Para terminar, gostaria de apresentar o seguinte texto:

※ ※ ※

Filhos da luz

Para todas as crianças...

The Michael Lightweaver Network 2012

(A rede Michael Lightweaver de 2012)

A era do "grande despertar" finalmente chegou. Vocês, que escolheram deixar de olhar para a escuridão e seguir, presenciarão o nascimento de um novo dia no planeta Terra. Seu coração merece ver a paz onde antes só existia a guerra, demonstrar piedade no lugar da crueldade de tantos séculos e de substituir o medo pelo verdadeiro amor. Vocês têm o privilégio de ver seu mundo mudar.

O planeta Terra é uma bênção, um amigo e um lar. Vocês devem respeitá-lo e honrá-lo, pois é tanto quanto vocês um ser vivo e sente o amor que transmitem ao caminhar sobre ele.

O Criador escolheu suas mãos para amparar os que precisam, seus olhos para ver a inocência ao invés da culpa e seus lábios para dizer palavras de conforto. Não deixem que a dor continue a se espalhar! Chega de viver na escuridão e no pesadelo. Caminhem para a luz e para a verdade. O mundo sofreu até hoje não pela influência do mal, mas por medo de conhecer o verdadeiro bem. Permitam-se deixar para trás a dor, entreguem-se à luz e transformem-se. Para isso basta desejar.

Ninguém pode ajudá-los a não ser vocês mesmos. Dentro de vocês estão todas as respostas. Ensinem tudo o que aprenderam. Esse conhecimento lhes foi dado não apenas para o seu próprio desenvolvimento, mas para que vocês possam ajudar a guiar o mundo, tão cansado e sofrido, para a paz de uma nova consciência.

As respostas que vocês procuram e a realização dos seus sonhos estão bem à sua frente, assim como o descanso e a energia para recomeçar. Essa é a ponte que os une a seus irmãos e irmãs. Olhem para dentro de si mesmos e permitam-se ver a luz que sempre existiu. Permitam-se expressar o amor que vem de seu coração e todos os pensamentos se tornarão uma bênção para o universo.

Todo o sofrimento terminará. Vocês brilharão como Aquele que os criou com sabedoria e glória. O passado se extinguirá como um sonho e sua alegria será tão grande que não terá fronteiras.

Continuem e tornem-se os mensageiros da esperança. Descubram o caminho da cura e da gratidão e seus irmãos e irmãs os seguirão. Ao passarem pelos portais das limitações poderão se reunir a todos os que se encontram perdidos, pois não há como se perder do Criador. Escolham sempre o caminho do perdão e verterão lágrimas de alegria e de emoção pela bondade que verão nos olhos de todos.

Sigam adiante e vivam como as almas iluminadas que são, reconhecendo sempre a existência do Criador. Vocês são muito importantes e necessários. Não deixem que a barreira do medo os impeça de ver a luz. Vocês nasceram para o sucesso, não para o fracasso. A esperança do mundo está em seu coração, e seus objetivos podem ser plenamente alcançados se confiarem Naquele que os criou. Essa é a solução para o desenvolvimento do planeta Terra. Todas as suas dúvidas e medos desaparecerão quando vocês descobrirem que a verdadeira cura vem do amor em seu coração.

※ ※ ※

Mensagem de Lee Carroll

Confesso que escrever um livro, mesmo que acadêmico, já não é mais tão difícil para mim, pois este já é meu sétimo. Contudo, o que distingue este livro é aquilo que se esconde por trás de todas as suas palavras: a profunda experiência humana das crianças que sofrem, o que originou estes pensamentos e deu vida a estas idéias.

Em nossos seminários, costumamos receber as pessoas com carinho e abraços, e a maioria delas divide conosco alguns de seus problemas ou alegrias. Os pais nos pedem para enviar energias positivas para seus filhos índigo que têm dificuldades e problemas na escola. Muitos professores nos perguntam: "O que devo fazer?" Cada caso é diferente, mas, curiosamente, análogo aos outros. Educadores nos dizem sempre que algumas crianças parecem mesmo ter uma forma diferente de pensar e de tratar umas com as outras.

Ficamos emocionados ao ouvir relatos de enfermeiros e profissionais da área de saúde que trabalham com crianças sobre a maneira como os índigos ajudam as outras crianças quando estas estão doentes ou prestes a morrer. É nessas situações que os índigos brilham: quando não há ninguém que os ridicularize e lhes diga que são "diferentes". Nessas circunstâncias, geralmente, há poucos adultos ao seu redor e as outras crianças estão fracas demais para fazer comparações e julgamentos. Os índigos se sentem livres para brincar, organizar atividades, dar carinho e amor com uma intensidade bastante incomum para sua idade e até mesmo aconselhar os doentes.

Aproximam-se dos que estão em estado mais grave para lhes fazer companhia e dar atenção. Fazem isso até elas próprias se sentirem esgotadas. Só então se deitam para descansar. Isso, inclusive, é algo que não abordamos neste livro, porque é demasiadamente difícil observar sob essas condições. Hospitais são lugares onde não se pode nem se deseja passar muito tempo, mas os profissionais de saúde, que convivem de perto com os pacientes, sempre comentam conosco sobre "o novo tipo de criança".

Alguns índigos participam de nossos seminários. Os mais novos, de cinco ou seis anos, pedem aos pais para entrar com os mais velhos. Um deles disse que estava ansioso para ver se eu o "reconheceria". Respondi que nunca tínhamos nos encontrado. Ele riu, piscou para mim e confessou que já imaginava essa resposta, pois sabia que nos conhecíamos de outras épocas, antes de ele ser "ele". Percebi que se tratava de uma alma antiga, mas até hoje não sei o que ele sabia ou imaginava saber. O fato de um garoto de seis anos ter a noção desse tipo de coisa é surpreendente, mesmo que tenha sido passada pelos seus pais ou por outras pessoas. É o sentimento seguro de eternidade e de realeza que nos toca.

Os índigos adolescentes com quem conversamos são muito especiais. Gostaria de poder reunir todos em uma sala e cantar ou fazer alguma outra atividade. Acho que eles adorariam. Nada de telefones, nada de música ou televisão típicas para adolescentes, somente um espaço de tempo no qual adultos e crianças pudessem se amar. Os índigos adolescentes têm uma mensagem para o mundo: "Idade é algo que não faz diferença para nós, porque já conhecíamos todas as pessoas que encontramos neste mundo. Basta confiar em nós e mostraremos tudo o que podemos fazer".

Os índigos adolescentes são muito especiais! Cada vez que me encontro ou que passo algum tempo com um desses índigos fico pensando: "Eu não era assim quando tinha 15 anos. Acabo de ter uma conversa com um 'adulto' muito experiente em um corpo de adolescente!". Não é à-toa que são considerados estranhos. O mundo jamais viu uma coisa desse tipo e entendo que a maioria das pessoas não compreenda. Mas são as pessoas de quem mais gosto neste mundo: uma estranha combinação de adolescentes desajeitados e sábios eternos. É algo em que só se acredita vendo. Sinto-me como se estivesse vestindo roupas da última moda, ouvindo música *rap* com meus bisavôs, alguns pastores protestantes e um índio curandeiro na mesma sala. É algo simplesmente incrível.

As pessoas que colaboraram neste livro também adoram essas crianças. Muitas vezes desafiaram as "regras e normas gerais" da sociedade para assumir uma posição de defesa de teorias novas, que hoje estão sendo analisadas e confirmadas. Formam um grupo muito especial que inclusive corre riscos por adquirir certa visibilidade neste livro. Mas, se você os questionar sobre isso, dirão que as crianças merecem, pois sabem que é tempo de obter consenso na sociedade para a construção de um grupo capaz de reconhecer as qualidades das crianças índigo, e saber o que fazer.

APÊNDICE

Biografia dos colaboradores

Karen Bolesky, M.A.[1] L.M.P[2]., C.M.H.C., é conselheira oficial de saúde mental, atua nos estados da Flórida e de Washington. Trabalha também com massagem. Foi mencionada na revista *Who's Who of American Women* e na *Who's Who in Finance and Industry*.

É graduada e pós-graduada em letras pela Universidade da Flórida, é vice-diretora e proprietária do Instituto Soma(85), onde dá aulas de integração neuromuscular. Possui certificação de nível avançado em técnicas de *gestalt*, bioenergética, aconselhamento nutricional, aconselhamento familiar em situações de doença, psicoterapia e biocinética.

Para contatos:

The Soma Institute, 730 Klink St., Buckley, WA – (360) 829-1025

e-mail: soma@nwrain.com

website: www.soma-institute.com

---

1. É abreviatura de *Master of Arts*, mestre em Ciências Humanas. (N.E.)
2. Designação específica do Instituto Soma Internacional. (N.T.)

242

Candice Creelman contribuiu para o Capítulo 5. É uma das índigos adultas que se dispuseram voluntariamente a falar um pouco de sua vida. Ela diz: "tudo o que você precisa é amor".
Para contatos:
e-mail: amora@interlog.com

Barbra Dillenger, Ph.D., é conselheira de desenvolvimento transpessoal e trabalha com metafísica desde 1969. Possui uma licença de ministro de culto, bacharelado e mestrado em educação e psicologia e um doutorado em ciências metafísicas. É conhecida, junto àqueles com quem trabalha, pelas suas idéias inovadoras nos domínios psíquico e espiritual. Trabalha com aconselhamento de profissionais de diferentes áreas em Del Mar e São Francisco, na Califórnia.
Para contatos:
P.O. Box 2241, Del Mar, CA 92014

Peggy e **Steve Dubro** contribuíram com sua sabedoria universal. Como membros da equipe Kryon International Seminar, dão treinamentos no mundo todo sobre aperfeiçoamento de vida, por meio dos quais muitos fazem sua iniciação em um novo conhecimento.
Peggy Phoenix Dubro é co-fundadora da The Energy Extention, Inc., de Norwich, Connecticut. Desenvolveu, igualmente, a informação Phoenix Factor, que inclui a *EMF Balancing Technique* (89). Ao longo dos últimos sete anos, Peggy desenvolveu uma compreensão singular no campo humano e que será descrita no seu próximo livro: *Spiritual Intelligence – the gift of the Phoenix*.
Para contatos:
Energy Extention, Inc., 624 W.Main St., #77, Norwich, CT 06360
website: www.EMFBalancingTechnique.com

Karen Eck nasceu em Baker City, Oregon. Devido ao seu interesse pela ciência e saúde, mudou-se para Portland, Oregon, em 1970, onde freqüentou a Faculdade Marylhurst e a St. Vincent School of Medical Technology. Seus cursos envolveram diversas modalidades de cura que a fizeram chegar à conclusão de que a cura somente ocorre quando acreditamos no método que utilizamos. Hoje, Karen trabalha com a distribuição de *softwares* educativos, diversos programas de aprendizagem e produtos nutricionais cujo histórico está associado à cura da maior parte das enfermidades. Pesquisou e descobriu as propriedades de alguns óleos essenciais, como o de um tipo de orégano, capaz de curar a maioria das doenças infecciosas e alergias.

Para contatos:

2499 8th St., Baker City, OR 97814

e-mail: kareneck@eoni.com – (541) 523-0494

website: http://sky-family.com/wholisticare

Robert Gerard, Ph.D., é conferencista, visionário e terapeuta. Na qualidade de editor, foi proprietário da *Oughten House Publications*. É autor de *Lady from the Atlantis* (A mulher de Atlantis), *The Corporate Mule* (O operário das grandes corporações) e *Handling Verbal Confrontation: Take the Fear Out of Facing Others* (Como lidar com o confronto verbal e perder o medo de enfrentar as pessoas). Atualmente, promove seu último livro, *DNA Healing Techniques: The How-to Book on DNA Expansion and Rejuvenation* (Técnicas de cura pelo DNA: um guia completo para a expansão e o rejuvenescimento). Robert está disponível para contatos. Ministra palestras e *workshops* sobre a cura por meio do DNA no mundo todo.

Para contatos:

Oughten House Foundation, Inc., P.O. Box 1059, Coursegold, CA 93614

e-mail: robertt@oughten-house.com

website: www.oughtenhouse.com

Deborah Grossman é formada pela Academia Greenwich, em Connecticut, pela Universidade de Duke na Carolina do Norte e pela Universidade de Miami, onde concluiu seu curso de enfermagem. Deborah sempre se interessou em cuidar das pessoas. Lecionou durante muitos anos em cursos de enfermagem diversas disciplinas médicas, inclusive na School for Acupressure and Acupunture de Miami. Hoje, ministra palestras na Flórida sobre autocura e homeopatia básica. Deborah é consultora homeopática e fundou a Artemis International, uma corporação que estuda e desenvolve a integração de todas as formas de cura.

Para contatos:

102 NE 2nd St, #133, Boca Raton, FL 33432

Debra Hegerle trabalhou durante catorze anos como contadora e decidiu seguir um percurso que exigisse mais o "hemisfério direito" de seu cérebro: optou, então, por ser consultora de viagens durante o dia e estudar aconselhamento espiritual à noite. Seis anos depois abriu sua própria empresa, Dragonfly Productions, onde trabalha tanto com contabilidade quanto com consultoria psíquica.

É casada há dezesseis anos e tem um filho. Trabalhou como professora assistente durante cinco anos. Hoje é professora mestre de reiki, estudante de astrologia e trabalha com energia *Huna* de cura. Em seu tempo livre, dedica-se a atividades como aeróbica, dança-jazz e equitação.

Trabalha como voluntária para a instituição Compassion in Action nas unidades de São Francisco e São José e pretende fundar uma unidade em Contra Costa County, na Califórnia.

Para contatos:

Dragonfly Productions, P.O. Box 2674, Martinez, CA 94553

e-mail: daurelia@wenet.net

Ranae Johnson, Ph.D., é autora de *Reclaim your Light Through the Miracle of Rapid Eye Technology* (87) (Cultive sua luz por intermédio da técnica de *Rapid Eye*). Publicou também *Winter's Flower* (Flor de inverno), sobre como criar um filho autista. Ranae tem sete filhos e vinte e seis netos. Fundou o Rapid Eye Institute (88) no Oregon.

Formou-se nas universidades Long Beach State, na Califórnia, e Brigham Young. Licenciou-se em hipnoterapia clínica pelo American Institute of Hypnotherapy de Santa Ana, na Califórnia. Algum tempo depois cursou a American Pacific University de Honolulu, tornando-se Ph.D.

Ranae possui uma longa lista de certificados e especializações, entre eles terapia por meio de jogos, aconselhamento no luto, gestão do tempo, gestão de crise, aconselhamento em geral, programação neurolingüística avançada, ortobionomia, paternidade positiva, dentre várias outras atividades. Possui certificado de hipnoterapeuta da National Guild of Hypnotists e de técnica mestre de NLP. Além disso, é técnica qualificada em Rapid Eye e ministra treinamentos nessa área.

Trabalhou em Fountain Valley, na Califórnia, como professora de crianças autistas em idade pré-escolar, no Centro Comunitário de Saúde Mental em Spokane, em Washington, no Grupo de Apoio a Pais de Crianças Autistas de Spokane e atualmente supervisiona o Instituto Rapid Eye de Salem, no Oregon.

Para contatos:

Rapid Eye Institute, 3748 74th Ave., SE, Salem, OR 97301

e-mail: ret.campus@aol.com

website: www.rapideyestechnology.com

Donna K. King estudou na Universidade do Norte do Texas e possui diversos certificados em *biofeedback* e neurofeedback. Atualmente é diretora de cursos profissionalizantes do Instituto de Fisiologia

Comportamental, um programa de doutorado de medicina comportamental de Bainbridge Island, em Washington.

Desde 1992, Donna trabalha em educação, tratamento e pesquisa no campo da neuroterapia, tanto para adultos quanto para crianças. Teve participação ativa no desenvolvimento do *neurofeedback* e do *biofeedback* e de programas de treinamentoespecíficos para profissionais da área de saúde de diversas áreas.

Ajudou também a desenvolver acampamentos de férias com programas de neuroterapia para crianças em idade escolar portadoras de DDA e TDAH. Desde 1992 tem promovido o uso de programas de medicina clínica comportamental com a inclusão da neuroterapia.

Como membro consultivo da diretoria da Kidwell Foundation, Donna tem feito um grande esforço no sentido de inserir programas de ponta de tratamento variado para crianças de todo o país.

Para contatos:

439 Bjune Rd. SE, Bainbridge Island, WA 98110

e-mail: brainwm@aol.com

Ryan Maluski é um dos índigos adultos que concordou em participar contando um pouco de sua história, descrita no Capítulo 5. Atualmente ele mora em Connecticut e trabalha em diversas áreas de ajuda humanitária. Nada surpreendente!

Para contatos:

Center for Synthesis, 31 Bridge Rd., Weston, CT 06883

e-mail: Synthesis1@aol.com

Kathy A. McCloskey, Ph.D., Psy.D.[3], trabalhou quase dez anos como cientista civil da Força Aérea Norte-Americana em Dayton, Ohio, desenvolvendo pesquisas a respeito dos efeitos dos fatores de estresse

---

3. É abreviatura de *Psychology Doctor* (grau de doutorado universitário). (N.T.)

ambiental no desempenho biomecânico e fisiológico humano. Para dar continuidade às suas pesquisas, deixou a Força Aérea e tornou-se psicóloga clínica. Concluiu seu segundo curso de doutorado em 1998 e hoje está se preparando para se submeter aos testes e tornar-se especialista. Fez cursos e treinamento em hospitais de internos, centros comunitários de saúde mental, *campus* universitário e num centro de tratamento para transgressores ligados ao tribunal.

Já desenvolveu pesquisas com diversos grupos, incluindo afro-americanos, índios apalaches, adolescentes, crianças, gays, lésbicas, bissexuais, transexuais, mulheres violentadas e seus violadores, comunidades universitárias e doentes mentais. Trabalha atualmente no Ellis Human Development Institute em Dayton, Ohio. Algumas de suas especialidades incluem terapia e intervenção em crises breves, tratamento de acusados de violência doméstica, terapia existencial, supervisão e treinamento de estagiários.

Faz parte da American Psychological Association, da Ohio Psychological Association, da American Association for the Development of Science e da Human Factors and Ergonomics Society/HFES.

Foi presidente do Grupo Técnico de Testes e Avaliações da HFES e profissional qualificada como ergonomista. Tem apresentado diversas comunicações em congressos e artigos seus já foram publicados e divulgados em diversos jornais científicos. Kathy foi professora adjunta de psicologia da Wright State University entre os anos de 1991 e 1994 e hoje é instrutora clínica na Wright State University School of Medicine. Enquanto concluía seu segundo doutorado, atuou como tutora em cursos na área do seu programa. Trabalha, também, como assistente social no estado de Ohio desde 1996.

Para contatos:

Ellis Human Development Institute, 9 N. Edwin C. Moses Blvd., Dayton, OH 45407

e-mail: kcam@gateway.net

Judith Spitler McKee, Ed.D.[4], é psicóloga especialista e conselheira na área de desenvolvimento e professora emérita de psicologia educacional e educação infantil da Eastern Michigan University. É autora de doze livros escolares sobre aprendizagem, desenvolvimento e jogos lúdicos e criatividade infantis. Alguns deles são *Play: Working Partner of Growth* (Brincadeira: a parceira do desenvolvimento) (1986, ACEI); *The Developing Kindergarten* (Pré-escola e desenvolvimento) (MIAYEC, 1990) e dez volumes do *Annual Editions: Early Childhood Education* (Anuários de educação básica infantil) (1976-1991).

Judith ministra *workshops* sobre desenvolvimento infantil para pais, professores, bibliotecários, terapeutas e médicos. É ministra do culto aconfessional das artes de cura e conselheira espiritual.Trabalhando como Astariana do Sétimo Grau e mestre/professora de reiki e praticante de Jin Shin, tem uma coluna no jornal *Healing Natural Alternatives*. Organiza *workshops* sobre crescimento espiritual, cura holística e cursos para pais de crianças índigo.

Para contatos:

Fax (248) 698-3961

Melanie Melvin, Ph.D., DHM[5], RSHom[6] tem doutorado em psicologia e obteve licença para trabalhar na Califórnia entre 1988 e 1996. Obteve também licença para trabalhar no Colorado desde 1994, onde está até hoje. Tem diploma de medicina homeopática, faz parte do British Institute of Homeopathy e da American Society of Homeopaths. Há dezoito anos trata os pacientes, incluindo crianças, com uma combinação de homeopatia e psicoterapia.

Melanie descobriu a homeopatia em 1970, após um acidente de carro que lhe causou uma série de problemas físicos. Procurou durante

---

4. É abreviatura de *Education Doctor* (grau de doutorado universitário). (N.T.)
5. Designação para especialização em distúrbios psicológicos. (N.T.)
6. Designação para especialização em homeopatia. (N.T.)

muitos anos um médico que pudesse tratá-la como um todo e não um especialista. Em 1980 lhe indicaram um homeopata. Satisfeita com o tratamento, começou a pesquisar sobre homeopatia. Sentiu muita afinidade com essa modalidade de cura e passou a utilizá-la também em seus pacientes.

Para contatos:

34861 W. Pine Ridge Lane, Golden, CO 80403 – (303) 642-9360

e-mail: cmelwolf@aol.com

website: www.dmelanie.com

Robert P. Ocker é conselheiro escolar em Mondovi, Wisconsin. Sempre gostou de trabalhar com jovens. Começou no Eau Claire School District como conselheiro do ensino infantil e implementou o Programa de Treinamento e Liderança CHAMPS. Trabalhou em Lake Geneva como conselheiro dos ensinos infantil, fundamental e médio. Já fez diversas apresentações para o público de todas as idades sobre "Educação pela Diversão". Robert ajuda os alunos a trabalhar e a resolver problemas, conflitos, a desenvolver responsabilidade e concentração e definir metas em termos de educação por meio de técnicas teatrais. Foi considerado pela Wisconsin School Counselors Association como referência e líder educacional.

Além de conselheiro educacional, Robert tem bacharelado em letras e comunicação pela Universidade de Wisconsin, Eau Claire, onde se destacou por suas características de liderança e comunicação. Já viajou, ministrou palestras, estudou e viveu em vários países da Europa. Obteve também diploma de aconselhamento educacional da Universidade de Wisconsin, Stout.

Trata-se de um jovem muito talentoso, que tem ajudado muitos adultos e crianças.

Para contatos:

1150 Mobile St., Lake Geneva, WI 54137

e-mail: robocker@hotmail.com

Jennifer Palmer graduou-se em ensino (médio e artes) e educação; possui certificado de licenciatura para atuar profissionalmente e ensinou durante vinte e três anos em escolas do ensino fundamental(1º ciclo) na Austrália. Recebeu um prêmio de Técnicas Avançadas de Ensino. Mora atualmente em Adelaide.

Para contatos:
Envie mensagens para o e-mail kryonmail@aol.com e serão encaminhadas. Especifique "*Indigo book* – Jennifer Palmer".

Cathy Patterson é professora de educação especial em Vancouver, Colúmbia Britânica, no Canadá. Trabalha com alunos que apresentam distúrbios severos de comportamento, contribuindo para o trabalho de muitos profissionais no sentido de aprimorar a área acadêmica que trata do desenvolvimento. No momento, Cathy está terminando seu mestrado em aconselhamento psicológico. Organiza sessões de grupos de pais com crianças portadoras de distúrbios. Seu objetivo é ajudar profissionais de educação e familiares a trabalharem em conjunto para satisfazer as necessidades das crianças com dificuldades de comportamento no sistema público de ensino.

Para contatos:
e-mail: rpatter262@aol.com

Reverenda Laurie Joy Pinkham, D.D.[7], mora no interior da Nova Inglaterra e sua missão é escrever e ajudar as pessoas a compreenderem quem são e por que estão aqui. É uma emissária da luz, terapeuta, escritora e fotógrafa. Organiza eventos nos Estados Unidos com o objetivo de disseminar a consciência espiritual no mundo por meio da energia que capta e envia para as pessoas. Quando escreve, menciona suas experiências nesta e em outras vidas. Entrevista diversas

---

7. É abreviatura de *Divine studies Doctor* (especialista em estudos sobre Deus). (N.T.)

pessoas sobre suas experiências e suas pesquisas. Alguns de seus poemas, letras de músicas e fotografias já foram publicados em revistas e jornais de diversas partes do mundo. Rev. Laurie é mestre em reiki, terapia craniossacral e intuitiva. Tem um diploma em educação infantil da Universidade de New Hampshire e doutorado em teologia. Atende o público em seu consultório de quiropraxia na Nova Inglaterra.

Para contatos:

PMB #622, 67 Emerald St., Keene, NH 03431 – (603) 526-8424

e-mail: owlwoman33@aol.com

website: www.owlwoman.com

Pauline Rogers sempre trabalhou na área de desenvolvimento infantil e atua como consultora. Graduou-se na Universidade do Estado da Califórnia e possui mestrado em administração educacional da Universidade de La Verne, Califórnia. Fez diversos cursos sobre desenvolvimento infantil no campus da UCLA. Foi diretora e supervisora da Bellflower, na Califórnia (oito sites) e atuou como coordenadora do Programa de Desenvolvimento Infantil para os serviços de assistência social em Norwalk, na Califórnia. Sua lista de qualificações profissionais e prêmios recebidos é por demais extensa para ser apresentada neste espaço.

Para contatos:

680 Juniper Way, La Habra, CA 90631

Richard Seigle, M. D.[8], tem seu próprio consultório em Carlsbad, Califórnia. Fez cursos na UCLA e formou-se na USC.

Trabalhou durante três anos na reserva Navajo, antes de concluir sua residência em psiquiatria na Universidade da Califórnia, em San

---

8. É abreviatura de *Doctor of Medicine*. (N.E.)

Diego (UCSD). Desde então, tem feito pesquisas com diversos professores e terapeutas da Escola de Medicina da UCSD.

Para contatos:

(760) 434-9778

Joyce Golden Seyburn é graduada em educação pela Universidade do Estado de Wayne e já lecionou para crianças da pré-escola ao ensino fundamental(1º ciclo). Enquanto criava os três filhos, completou seu mestrado sobre desenvolvimento infantil. Seus artigos já foram publicados em diversas revistas. Ela também é colunista do *Detroit News* e participou numa antologia de contos. Trabalhar no Centro Deepak Chopra de Medicina do Corpo e da Mente em La Jolla, na Califórnia, estimulou seu interesse por pesquisas no campo da ligação entre mente e corpo. Quando estava para se tornar avó pela primeira vez e não conseguia encontrar literatura que orientasse sobre educação e abrangesse mente e corpo para dar aos filhos, decidiu escrever o primeiro livro: *Seven Secrets to Raising a Healthy and Happy Child*(56) (Os sete segredos para educar uma criança com saúde e felicidade).

Para contatos:

1155 Caminho Del Mar, #464, Del Mar, CA 92014

e-mail: joy7secrets@hotmail.com

Keith R. Smith formou-se na Faculdade do Estado de São Francisco, mas continuou os estudos acadêmicos por mais vinte anos. Estudou herbologia no Dominion Herbal College do Canadá e na Christopher School of Natural Healing, que lhe conferiram o grau de praticante mestre no uso de ervas para cura. Estudou, também, iridologia avançada e fez treinamento com o doutor Bernard Jenson. Além disso, fez cursos e foi graduado com honras na School of Natural Health em Spanish Forks, em Utah; estudou na School of Healing Arts em San Diego, na Califórnia.

Keith é nutricionista e conheceu o Rayid, uma prática emocional-espiritual da iridologia, fundada por Denny Ray Johnson. Hoje é presidente da International Rayid Society e praticante mestre de Rayid. Pratica medicina herbalista há vinte e um anos e está à disposição para contatos em Escondido, na Califórnia(70).
Para contatos:
360 N. Midway, Suíte 102, Escondido, CA 92027
e-mail: ksmithhrb@adnc.com
website: www.health-forum.com

Nancy Ann Tappe trabalha há vinte e cinco anos com parapsicologia. É professora catedrática em teologia e filosofia e ministra eclesiástica. É conhecida nos Estados Unidos, Canadá, em boa parte da Europa e Ásia por sua maneira cândida de ver as pessoas, compreendê-las e ajudá-las a se integrarem.

Iniciou seus estudos sobre a aura humana e suas cores há muitos anos. Durante três anos, trabalhou na definição e interpretação de auras. Descobriu, então, que possuía um raro dom de "vê-las", o que a levou a dedicar-se obstinadamente ao assunto.

Mas, para confirmar as informações que recebia por intuição, entrou em contato com um psiquiatra de San Diego. Com sua ajuda, centenas de pacientes e voluntários foram submetidos a testes sobre as teorias que ela havia desenvolvido. Foram nove anos de pesquisas até que os resultados atingissem grau de rigor satisfatório.

Nancy Ann iniciou, então, a carreira de professora na Faculdade Experimental da San Diego State University. Hoje leciona, ministra palestras e trabalha como conselheira em diversas partes do mundo(2).
Para contatos:
Starling Publishers, P.O. Box 278, Carlsbad, CA 92018

Doreen Virtue, Ph.D., tem bacharelado, licenciatura e doutorado em aconselhamento psicológico. Ministra palestras e já publicou dezoito livros, com mais de meio milhão de exemplares vendidos no mundo todo, incluindo *The Lightworker's Way* (Os trabalhadores da luz. Hay House, 1997), *Angel Therapy* (Terapia dos anjos. Hay House, 1997), *Divine Guidance*, (A luz divina. Renaissance/St. Martin's, agosto de 1998) e treze fitas de áudio como *Chakra Clearing and Healing with the Angel's* (Limpe e cure seus chacras com a ajuda dos anjos. Hay House). O *website* www.angeltherapy.com contém todas as informações sobre seus *workshops*, livros e espaço para mensagens.

Filha de um praticante de cura da ciência cristã, a doutora Virtue representa a quarta geração de metafísicos da família que escreve sobre fenômenos psíquicos, cura com a ajuda de anjos, psicologia e princípios espirituais da teoria *Curso de milagres*. Durante seus vários anos de experiência fundou e dirigiu um hospital psiquiátrico feminino, um programa psiquiátrico para adolescentes e atuou como psicoterapeuta. É membro da diretoria do Instituto Americano de Hipnoterapia, onde leciona Desenvolvimento Mediúnico e Psíquico.

Ajudou a organizar diversas correntes de preces mundiais pela paz, juntamente com James Twyman e Gregg Braden. Costuma ser convidada a falar em programas de televisão, como o *Oprah, Good Morning America, The View, Donahue, Ricki Lake, Geraldo, Sally Jessy Raphael, Montel, Leeza, The 700 Club, Gordon Elliott, CNN, Extra* e outros. Ministra palestras sobre espiritualidade e cura mental desde 1989, e já participou de conferências como The Whole Life Expo, The Universal Lightworker's Conference, The Health and Life Enrichment Expo, Fortune 500, The Learning Annex e a convenção The American Board of Hypnotherapy.

Para contatos:

Hay House Publicity, P.O. Box 5100, Carlsbad, CA 92018-5100
website: www.AngelTherapy.com

REFERÊNCIA BIBLIOGRÁFICA

1. Gibbs, Nancy. "The Age of Ritalin" (A era da Ritalina). Revista *Time*, p. 86, nov. 30, 1998.

2. Tappe, Nancy Ann. *Understading Your Life Through Color* (Entendendo sua vida pelas cores). ISBN 0-940399-00-8. 1982. Starling Publishers, PO Box 278, Carlsbad, CA 92018. Este livro não é comercializado nas livrarias em geral. Para adquiri-lo (versão original), entre em contato com Awakenings Book Store (aceita-se cartão de crédito), Califórnia, no tel. (949) 457-0797 ou e-mail para govinda4u@aol.com Mind, Body, Soul Bookstore, Indiana, (317) 889-3612 ou e-mail para mndbodsoul@aol.com.

3. Taylor, Hartman, Ph.D. *O código das cores*. ISBN 8531606802. 2001. São Paulo: Cultrix.

4. *The Rising Curve: Long-Term Gains in IQ & Related Measures* (A curva ascendente: o desenvolvimento a longo prazo do QI e da capacidade mental), editado por Ulric Neisser e publicado por the American Psychological Association, Washington, DC. Para solicitar o livro, o telefone nos EUA é: (800) 374-2721.

5. Dra. Doreen Virtue. Referências em diversos capítulos. Endereço eletrônico (*site* na Internet) [www.angeltherapy.com].

"Ritalin use is a bar to military service" (O uso da Ritalina constitui impedimento para o serviço militar). *Cox News Service*, dez. 1, 1996. *Um curso em milagres*,1995. São Paulo: Abalone.

Hayes, Laurie L. "Ritalin use has doubled in past five years" (O uso da Ritalina dobrou nos últimos cinco anos). *Counseling Today*, vol. 39, nº 11, maio, 1997.

Kilcarr, P. and P. Quinn. "Voices from Fatherhood: Fathers, Sons and ADHD" (Paternidade, pais, filhos e DDAHs). 1997. New York: Brunner/Mazel, Inc.

Lang, John. "Boys on Drugs" (Crianças e drogas). Scripps Howard News Service.

Schachar, R. J., R. Tannock, C. Cunningham e P. Corkum. "Behavioral, Situational and Temporal Effects of Treatment of ADHD with Methylphenidate" (Efeitos comportamentais, situacionais e temporais dos tratamentos de DDAHs com metilfenidato). *Journal of the American Academy of Child and Adolescent Psychiatry.* 1997, 36(6): 754-763.

6. A instituição The National Foundation for Gifted e Creative Children pode ser contatada no endereço eletrônico nfgcc@aol.com ou por correspondência no endereço 395 Diamond Hill Road, Warwick, RI 02886; ou pelo telefone (401) 738-0937.

7. Wright, Robert. "The Power of Their Peers" (O poder dos colegas). Revista *Time,* p. 67, ag. 24, 1998.

8. Harris, Judith Rich. *The Nurture Assumption: Why Children Turn Out the Way They Do* (A questão da educação: por que as crianças têm problemas de comportamento). ISBN 0684844095. 1998. 480 pp. Free Press.

9. Bodenhamer, Gregory. *Back in Control – How to Get Your Children to Behave* (Reassuma o controle e faça suas crianças se comportarem). ISBN 0-671-76165-X. 1998. Fireside, NY.

10. Millman, Dan. *The Life You Were Born to Live – A Guide to Finding Your Life Purpose* (Viva tudo o que deve viver – um manual para você descobrir qual é sua missão). ISBN 0915811-60-X. 1993. HJ Kramer, Inc.

11. Gomi, Taro. *Everyone Poops* (Todo mundo faz cocô). ISBN 0-916291-45-6. 1993. Brooklyn, NY: Kane/Miller Pub.

12. Baer, Edith. *This Is the Way Eat Our Lunch* (É assim que se come bem). ISBN 0590468871. 1995. NY: Scholastic.

13. Dooley, Norah. *Everybody Cooks Rice* (Receitas com arroz). ISBN 0876144121. 1991. Minneapolis, MN: Caroliheda Books.

14. Gardner, Howard. *Estruturas da mente.* ISBN 8573073462. 1995. Porto Alegre: Artmed-Bookman.

McKee, Judith Spitler. *The Developing Kindergarten* (O desenvolvimento na pré-escola). ISBN 0962915408. 1990. Michigan Association for Education of Young Children.

Armstrong, Thomas. *Sete tipos de inteligência.* ISBN 8501061697. 2003. São Paulo: RCB/Record.

15. Erikson, Erik H. *Childhood and Society* (A criança e a sociedade). ISBN 039331068X. 1993. NY: Norton.

16. McKee, Judith Spitler. *Play: The Working Partner of Growth* (Brincadeira: o grande parceiro do desenvolvimento infantil). ISBN 0871731126. 1986. Olney, MD: Association for Childhood Education International.

17. Brown, Margaret Wise. *Boa noite, lua.* ISBN 853360713X. 1997. São Paulo: Livraria Martins Fontes Editora Ltda.

18. Degan, Bruce. *Jamberry.* ISBN 0060214163. NY: Harper Collins. 1990.

19. Boynton, Sandra. *Barnyard Dance* (Dançando no quintal). ISBN 1-563054426. 1993. NY: Workman Publishing.

20. Porter-Gaylord, Laurel. *I Love My Mommy Because...* (Adoro minha mãe porque...). ISBN 055446257.1996. NY: Dutton.

21. Porter-Gaylord, Laurel. *I Love My Daddy Because...* (Adoro meu pai porque...). ISBN 0525446249. 1996. NY: Dutton.

22. Potter, Beatrix. *A história de Pedrito Coelho.* ISBN 9722213601. 1991. Portugal/Brasil: Verbo.

23. Wescott, Nadine. *The Lady With The Alligator Purse* (A bolsa de crocodilo). ISBN 031693165. 1990. NY: Little Browon & Co.

24. Preston, Edna Mitchell. *The Temper Tantrum Book* (Crianças e seus ataques de nervos). ISBN 0140501819. 1976. NY: Viking.

25. Piper, Watty. *The Little Engine That Could* (A pequena máquina maravilhosa). ISBN 0448400413. 1990. NY: Price/Stern/Sloan Publishers.

26. Raffi. *Baby Beluga* (audiocassete em inglês). ISBN 6301878949. 1990. Universal City, CA: Rounder Records.

27. Ives, Burl. *Burl Ives: A Twinkle in Your Eye* (audiocassete em inglês). ISBN 6304902158. 1998. Sony Wonder.

28. Milne, A. A. *Winnie the Pooh* (audiocassete em inglês). Lido por Charles Kuralt. ISBN 0140866825. 1997. Penguin Audio Books.

29. Rosenbloom, Joseph. *Doctor Knock Knocks* (Doutor toc-toc). ISBN 080698936X. 1976. NY: Sterling.

30. Rosenbloom, Joseph. *Biggest Riddlebook in the World* (O grande livro da floresta). ISBN 0806988843. 1976. NY: Sterling.

31. Hall, Katy and Lisa Eisenberg. *101 Cat and Dog Jokes* (101 piadas sobre gatos e cães). ISBN 0590433369. 1990. NY: Scholastic. Nota: Katy Hall tem muitos e muitos livros de piadas!

32. Berenstain, Stan and Jan. *The Berenstain Bears and The Messy Room* (Os ursos Berenstain e o quarto desarrumado). ISBN 0394856392. 1983. NY: Random House.

33. Berenstain, Stan and Jan. *The Berenstain Bears and Too Much TV* (Os ursos Berenstain e o excesso de TV). ISBN 0394865707. 1984. NY: Random House.

34. Berenstain, Stan and Jan. *The Berenstain Bears and Too Much Junk Food* (Os ursos Berenstain e os sanduíches). ISBN 0394872177. 1985. NY: Random House.

35. White, E. B. *A teia de Charlotte*. ISBN 8533619529. 2004. São Paulo: Livraria Martins Fontes Editora Ltda.

36. White, E. B. *A teia de Charlotte* (audiocassete em inglês). ISBN 0553470485. 1992. NY: Bantam Books Audio.

37. Herriot, James. *James Herriot's Treasury for Children* (Os tesouros infantis). ISBN 0312085125. 1992. NY: St. Martin's Press.

38. Kindersley, Barnabas and Anabel. *Crianças como você*. ISBN 850806148X. 1996. São Paulo: Editora Ática.

39. Hoberman, Mary Ann. *Fathers, Mothers, Sisters, Brothers: A Collection of Family Poems* (Pais, mães, irmãs, irmãos: poemas de família). ISBN 014054891. NY: Puffin/Penguin.

40. Baum, L. Frank. *O mágico de Oz*. ISBN 8528904504. 2002. Behar Editora/ Hemus. Nota: outros livros de Oz incluem *Ozma de Oz*, São Paulo: Editora Hemus; ISBN 8528904504; 2002; *The Emerald City of Oz* (A cidade da esmeralda em Oz) e *The Patchwork Girl of Oz* (A garota de Oz).

41. Cleary, Beverly. *Ramona Forever* (audiocassete em inglês). Lido por Stockard Channing. ISBN 0807272655. 1989. Old Greenwich, CT: Listening Library.

42. Lofting, Hugh. *The Story of Dr. Doolittle* (audiocassete em inglês). Lido por Alan Bennett. ISBN 0553477692. NY: Bantam Books Audio.

43. Rosen, Michael. *Walking the Bridge of Your Nose* (O livro de trava-línguas). ISBN 1856975967. 1995. NY: Kingfisher.

44. Krull, Kathleen. *Lives of the Musicians (and What the Neighbors Thought)* (Vida de músico – e o que os vizinhos pensavam). ISBN 0152480102. 1993. San Diego, CA: Harcout Brace.

_____. *Lives of the Writers (and What the Neighbors Thought)* (Vida de escritor – e o que os vizinhos pensavam).ISBN 0152480099. 1994. San Diego, CA: Harcout Brace.

_____. *Lives of the Artists (and What the Neighbors Thought)* (Vida de artista – e o que os vizinhos pensavam). ISBN 0152001034. 1995. San Diego, CA: Harcout Brace.

_____. *Lives of the Athletes (and What the Neighbors Thought)* (Vida de atleta – e o que os vizinhos pensavam). ISBN 0152008063. 1997, San Diego, CA: Harcout Brace.

45. L'Engle, Madeleine. *A Wrinkle in Time* (audiocassete em inglês). ISBN 0788701371. 1994. Prince Frederick, MD: Recorded Books.

46. *Parenting with Love and Logic* (Como educar com amor e com lógica). Contacte o Instituto Cline-Fay, Inc.: 2207 Jackson Street; Golden, Colorado 80401. (800) 338-4065.

47. McArthur, Bruce and David. "Learning to love" (Aprendendo a amar). Revista *Venture Inward*, p. 33, jan./fev. 1998.

48. McArthur, Bruce and David. *O coração inteligente*. ISBN 8531511518. 2000. São Paulo: Pensamento-Cultrix.

49. Planetary LLC, editores do *HeartMath*® System: 14700 West Park Avenue, Boulder Creek, CA 95006, (800) 372-3100. [http:/www.planetarypub.com]. Deborah Rozman, Ph.D., Executive Director.

50. Childre, Doc Lew. *Freeze-Frame: One Minute Stress Management* (Congelamento de imagens: técnicas de controle do estresse em um minuto). ISBN 1-879052-42-3.

_____. *A Parenting Manual* (O manual dos pais). 160 pp. ISBN 1-879052-32-6.

_____. *Teen Self Discovery* (Adolescentes e autodescoberta). 120 pp. ISBN 1-879052-36-9.

_____. *Teaching Children to Love* (Ensine as crianças a amar). Oitenta jogos e atividades divertidas para educar crianças e mantê-las equilibradas mesmo nos dias de hoje. ISBN 1-879052-26-1. Para fazer pedidos dos originais, contate Planetary LLC: (800) 372-3100.

51. Gregson, Bob. *The Incredible Indoor Games Book* (O incrível livro dos jogos de salão). ISBN 0-8224-0765-5. Belmont, CA: David S. Lake Publishers.

52. Gregson, Bob. *The Outrageous Outdoor Games Book* (O ultrajante livro dos jogos ao ar livre). ISBN 0-8224-5099-2. Belmont, CA: David S. Lake Publishers.

53. Rozman, Deborah. *Meditação para crianças*. ISBN 8571870993. 1994. São Paulo: Ground.

54. Goelitz, Jeffrey. *The Ultimate Kid* (As novas crianças). Concerns holistic education. 154 pp. ISBN 0-916438-61. Planetary LLC.

55. Herzog, Stephanie. *Joy in the Classroom* (Aulas e alegria). ISBN 0-916438-46-5. Planetary LLC.

56. Seyburn, Joyce. *Seven Screts to Raising a Happy and Healthy Child: The Mind/Body Approuch to Parenting* (Os sete segredos para educar uma criança com saúde e felicidade: o método corpo/mente). ISBN 0-425-16166-8. 1988. Berkeley Press.

57. Drummond Tammerlin. "Touch Early and Often" (Massagem: quanto mais cedo melhor). Revista *Time*, pág. 54, jul. 27, 1998.

58. Hallowell, Edward, M. D. *Tendência à distração*. ISBN 8532510132. 1999. Rio de Janeiro: Rocco.

59. Taylor, John F. *Helping Your Hyperactive ADD Child* (Como ajudar um filho portador de DDA e hiperatividade). ISBN 0761508686. 1997. Prima Publishing.

60. Kurcinka, Mary Sheedy. *Raising Your Spirited Child: A Guide for Parents Whose Child is More Intense, Sensitive, Perceptive, Persistent and Energetic* (Seu filho é diferente? Um guia para pais de crianças mais sensíveis, receptivas e cheias de energia). ISBN 006092328-8. 1992. Harperperennial Library.

61. Sears, William, M. D. e Lynda Thompson, Ph.D. *The A.D.D. Book, New Understings, New Approaches to Parenting Your Child* (DDA: novas técnicas e descobertas sobre educação de crianças portadoras do distúrbio). ISBN 0-31677873-7. 1994. [http://www.littlebrown.com].

62. Diller, Lawrence H. *Running on Ritalin: A Physician Reflects on Children, Society, and Performance in a Pill* (Ritalina e seus efeitos sobre as crianças, a sociedade e o desempenho das pessoas). ISBN 0553106562. 1998. Bantam-Doubleday-Dell.

63. Block, Mary Ann. *No More Ritalin: Treating ADHD Without Drugs* (Chega de Ritalina: tratamentos para DDAH sem drogas). ISBN 1575662396. 1997. Kensington Publication Corp.

64. Beal, Eileen. *Ritalin: Its Use and Abuse* (Ritalina: uso e abuso). ISBN 082392775X. 1999. Rosen Publishing Group.

65. A instituição CH.A.D.D. reúne, organiza e partilha informação sobre TDAH para médicos, escolas, grupos de apoio e pais. National: 499 Northwest 70th Avenue, Suite 101; Plantation, FL 33317; (800) 233-4050; Fax (954) 587-4599; [http://www.chadd.org].

66. Network of Hope: Mary Votel, Director. PO Box 701534, St. Cloud, FL 34770-1534. [http://www.networkofhope.org]. Fax (407) 892-5657.

67. Barkley, R. *Hyperactive Children: A Handbook For Diagnosis and Treatment* (Crianças hiperativas: um manual para o diagnóstico e o tratamento), p. 13. 1981. New York: Guilford Press.

68. Breggin, Peter R., M.D. *Talking Back to Ritalin: What Doctors Aren't Telling You About Stimulants for Children* (Ritalina: tudo o que os médicos não dizem, sobre o efeito de estimulantes em crianças). ISBN 1567511295. 1998. Monroe, ME: Common Courage Press.

Breggin, Peter e Ginger. *Journal of College Student Psychotherapy*. Vol. 10 (2). 1995.

69. Mendelsohn, Robert, M.D. *Como criar uma criança com saúde...* . ISBN 3307628. 1995. São Paulo: Livraria Nobel S.A.

70. Keith Smith: ksmthhrb@adnc.com ou por telefone na Herb Shop (760) 489-6889. [http://www.haelth-forum.com]. Consultas e informações: Lyon G. R., D. B. Gray, J. F. Kavanagh *et al.* (eds.). *Better Understanding Learning Disabilities: New Views from Research and Their Implication for Education and Public Policies* (Dificuldades de aprendizagem: novas pesquisas e sua implicação na educação e nas leis). Baltimore: Brookes. 1993.

Moats, L. C. e G. R. Lyon. *Learning Disabilities in the United States: Advocacy, Science and the Future of the Field* (Dificuldades de aprendizagem nos Estados Unidos: leis, ciência e o futuro). J Learn Disab, 1993; 26:282-292.

Stanovich, K. E. e L. S. Siegel. *Phenotypic Performance Profile of Children with Reading Disabilities: A Regression-Based Test of the Phonological-Core Variable-Difference Model* (Perfil de desempenho fenotípico em crianças com transtorno específico de leitura: testes fonológicos de modelo de diferença variável baseados em regressão). J. Ed Psych, 1994; 86:24-53.

Lyon, G. R. (ed). *Frames of Reference for the Assessment of Learning Disabilities: New Views on Measurement Issues* (Objetos de referência para a avaliação de dificuldades de aprendizagem: novas perspectivas). Baltimore: Brookes, 1994.

Duane, Drake D. e David B. Gray. *The Reading Brain: The Biological Basis of Dyslexia* (O cérebro e a base biológica da dislexia). ISBN 0912752254. 1991. Parkton, MD: York.

National Advisory Committee on Handicapped Children: Special Education for Handicapped Children. Washington, DC: Department of Health, Education and Welfare, 1968.

Lyon, G. R. *Research in Learning Disabilities* (Pesquisas sobre dificuldades de aprendizagem) (relato técnico). Bethesda, MD: National Institute of Child Health and Human Development, 1991.

A Guide to Medical Cures and Treatments – A Complete A to Z Sourcebook of Medical Treatments, Alternative Options and Home Remedies (Guia médico de cura, tratamentos, opções alternativas e medicamentos caseiros). p. 237, "Inattention/Hyperactivity Comparison" (Estudos comparativos entre *deficit* de atenção e hiperatividade). ISBN 0895778467. 1996. Reader's Digest Book Publication.

71. *Pesquisa sobre dificuldades de aprendizagem* no NICHD (National Institute of Child Health and Human Development) por G. Reid Lyon, Ph.D., Human Learning and Behavior Branch (Departamento de aprendizado e comportamento), Center for Research for Mothers and Children (Centro de aprendizado humano e de pesquisas sobre mães e crianças): National Institute of Child Health and Human Development. National Institutes of Health. LD.htm em [http://www.nih.gov], p. 1.

72. Ibidem, p. 9.

73. [http://www.mediconsult.com] Attention Deficit Disorder News and Attention Deficit Hyperactivity Disorder (Informações sobre DDA e TDAH). Deca. p. 1, parágrafo 5, sumário: p. 10 de 11, parágrafo 2.

74. Insight USA: 1771 S. 350 E., Provo, UT 84606. (801) 356-1322. [http://www.insight-usa.com]. E-mail para Karen Eck: kareneck@worldnet.att.net.

75. NutriChem: 1303 Richmond Rd.; Ottawa, Ontario, K2B 7Y4, Canada; 1-888-384-7855 (Canadá e EUA). [http://www.nutrichem.com].

76. "Doctors Give Alternative Remedies Closer Look" (Médicos começam a avaliar medicação alternativa). Associated Press citado em Norwich Bulletin: Health, nov. 11, 1998, com referência ao The Journal of the American Medical Association; Book 008, nov. 11, 1998 (edição dedicada à medicina alternativa).

77. Taylor, John F. Answers to ADD: The School Success Tool Kit. 102-minute video with over 125 techniques described and illustrated (Respostas para o DDA: o kit para o bom desempenho escolar. Vídeo de 102 minutos com 125 técnicas e explicações). ISBN 1-883963-00-1. [http://www.add-plus.com/video.html].

78. Boletim Network of Hope, fev. 1998, nutrition edition. P.O. Box 701534, St. Cloud, Fl 34770.

79. Cell Tech: 1300 Main Street, Klamath Falls, ou 97601. (800) 800-1300. [http://www.celltech.com]. Funcionários explicam sobre os produtos à base de alga azulesverdeada e seus efeitos sobre índigos. Distribuidores: Michael & Sandy Lansdale no telefone (800) 342-9548 or mlansdale@aol.com. Você pode contatar John Paino no (978) 371-2355, paino@earthlink.net [http://www.the-peoples.net/celltech].

80. Lawrence, Ron, M.D., Ph.D., Paul Rosch, M.D., F.A.C.P. e Judith Plowden. Magnetic Therapy: The Pain Cure Alternative (Terapia magnética: curas alternativas para a dor). ISBN 0-7615-1547-X. CA: Prima Publishing, [http://www.primapublishing.com].

81. Neurotherapy training: Behavioral Physiology Institutes, 175 Partfitt Way, Suite N150; Bainbridge Island, WA 98110. (206) 780-5500 ext. 104. [http://www.bp.edu]. e-mail proed@bc.edu.

82. Neurotherapy treatment facilities: Kidwell Institute, 1215 Mulberry Lane, Oklahoma City, OK 73116. (405) 755-8811. [http://www.kidwellinstitute.com]. e-mail kidwell@theshop.net.

83. Lubar, J. F. e M. N. Shouse. "The Use of Biofeedback in the Treatment of Seizure Disorders and Hyperactivity" (O uso de biofeedback em tratamentos de distúrbios e de hiperatividade). Advances in Child Clinical Psychology, 1, pp. 204-251. Plenum Publishing Company.

Lubar, J. O. e J. F. Lubar. "Electroencephalographic Biofeedback of SMR and Beta for Treatment of Attention Deficit Disorders in a Clinical Setting" (*Biofeedback* eletroencefálico de SMR e beta para o tratamento de distúrbios de *deficit* de atenção críticos). *Biofeedback and SelfRegulation*, 9, pp. 1-23.

Mann, C. A., J. F. Lubar, A. W. Zimmerman, B. A. Miller e R. A. Muenchen. "Quantitative Analysis of EEG in Boys with Attention Deficit/Hyperactivity Disorder (ADHD) – A Controlled Study with Clinical Implications" (Análise quantitativa de EEG em meninos com TDAH). *Pediatric Neurology*, 8, pp. 30-36.

84. The Focus Neuro-Feedback Training Center: 2101 Business Center Drive, Suite 120; Irvine, CA 92612. (714) 833-1882.

85. The Soma Institute of Neuromuscular Integration: 730 Klink, Buckly, WA 98321. (360) 829-1025. [http://www.soma-institute.com].

86. Dr. Sid Wolf, H. H. P., Ph.D., Phoenix Healing Center (Instituto Certificado de massagem terapêutica e de desenvolvimento corporal). 1017 Vison Way, Lyons, CO 80540. (303) 823-5873.

87. Informações sobre Johnson, Ranae, Ph.D., Rapid Eye Technology e o livro *Winter´s Flower*. Livros no *website*: [http://www.rapideyetechnology.com].

88. Rapid Eye Institute: 3748 74th Ave. SE; Salem, OR 97301. (503) 373-3606. [http://www.rapideyetechnology.com].

89. Peggy e Steve Dubro. *The EMF Balance Technique: Phoenix Factor*. [http://www.EMFBalancingTechnique.com].

Egidio Vecchio

EDUCANDO CRIANÇAS ÍNDIGO

Quem são as crianças índigo que estão nascendo por toda parte e que tratam os adultos de igual para igual? Por que são tão questionadoras? Como educá-las para que cresçam saudáveis e integradas à família e à sociedade? Pais, educadores e profissionais da área da saúde precisam deste livro, único no seu gênero.

Donizeti Costa

LER FAZ BEM À ALMA

O maravilhoso mundo dos livros: sua história, os gêneros literários, o dicionário, os livros religiosos, as traduções, o método braile, as bibliotecas e mais: 50 motivos para ler. Trechos de vários livros servem para motivar ainda mais aqueles que estão dando os primeiros passos na direção dos grandes autores.

Jennie Hernandez Hanks

O SEGREDO DO RELACIONAMENTO COM OS FILHOS

Seus filhos estão descontrolados ou rebeldes? Experimente o genial método de trocas de Jennie. Seguindo corretamente esse revolucionário sistema, seu filho vai mudar radicalmente para melhor! Sugestões exemplificadas, fáceis de entender e colocar em prática!

Yitta Halberstam & Judith Leventhal

MILAGRES EM FAMÍLIA

Milagre! Nas páginas emocionantes de *Milagres em família* tudo leva a crer que o acaso não existe. São 56 histórias incríveis, que revelam coincidências milagrosas. Quando tudo parece perdido, eis que um milagre altera o destino daqueles que não esperavam a visita da felicidade!

MILAGRES DE AMOR E AMIZADE

Especialmente recomendado para presentear aqueles a quem amamos e desejamos reconfortar. Sessenta e quatro histórias verídicas e emocionantes que nos revelam verdadeiros milagres, sublimes intervenções da providência divina no destino das pessoas. Quando tudo parece perdido, eis que um milagre acontece...

Joanna Campbell-Slan

VOCÊ PODE MUDAR SUA VIDA

Em trinta dias, você vai ganhar uma saudável modificação no seu modo de pensar. Neste livro extraordinário um completo programa de transformação pessoal, para vencer dificuldades e viver melhor o dia-a-dia – de bem com você, com os outros e com Deus.

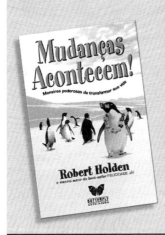

Robert Holden

MUDANÇAS ACONTECEM!

Você pode – e deve! – mudar sua vida para melhor. A saúde, a prosperidade, o amor, a paz e o sucesso estão ao seu alcance neste incrível *best-seller*. Livre-se – de uma vez por todas – da mágoa, da insegurança e da desilusão... Afinal, o que você está esperando?

Robert Holden

FELICIDADE JÁ!

É hora de ser feliz! A felicidade está ao alcance, neste guia excelente, de quem pretende encontrar a realização pessoal. Páginas vibrantes de um incrível manual, repleto de recomendações práticas para aqueles que desejam viver em paz, livres e felizes...

Robert Holden

RIR AINDA É O MELHOR REMÉDIO

A felicidade e o sucesso estão mais perto de quem é bem-humorado. Rindo, nos libertamos de todas as tensões do dia-a-dia. A medicina do riso não é nenhuma novidade: os efeitos saudáveis da alegria de viver encontram-se no hinduísmo, no islamismo, no taoísmo, no judaísmo e no cristianismo...

Linda Williamson

FANTASMAS, ESPÍRITOS E APARIÇÕES

A infância de Linda Williamson foi marcada por experiências espirituais que, anos depois, serviram para amadurecer seu desejo de ajudar espíritos sofredores a encontrar o caminho da luz, ocorrências impressionantes que comprovam que a vida não termina com a morte do corpo.

Carla Wills-Brandon

UM ÚLTIMO ABRAÇO ANTES DE PARTIR

Depoimentos incríveis revelam a presença inegável de parentes e amigos – que já não fazem mais parte deste mundo – ao lado daqueles que se preparam para partir para o outro lado da vida. Pesquisas e relatos que comprovam a realidade das visões no leito de morte.

John L. Brooker

ENCONTRANDO A LUZ

Almas que perderam o corpo físico agitam-se aflitas no espaço – desconhecem a própria morte ou recusam-se a aceitá-la. Relatos verídicos do resgate desses espíritos em direção da luz, incluindo o socorro espiritual às vítimas do atentado ao World Trade Center.

Frank C. Tribbe

JOSÉ DE ARIMATÉIA

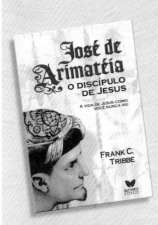

Romance histórico revelador que reconstitui momentos decisivos da peregrinação de Jesus. Nele, o Mestre e seus discípulos apresentam-se como nunca foram vistos. Siga seus passos, ouça suas palavras. Conheça um pouco da sua mocidade. Acompanhe-o em sua sublime peregrinação.

Raymond A. Moody Jr.

A VIDA DEPOIS DA VIDA

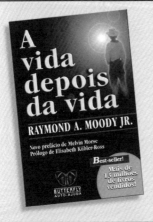

Relatos verídicos de experiências de quase-morte de pessoas consideradas clinicamente mortas e que retornaram à vida levam os pesquisadores a acreditar na vida depois da morte. *Best-seller* que já vendeu mais de 13 milhões de exemplares no mundo inteiro.

Francisco Cândido Xavier

DESPERTAR

Mensagens do Espírito André Luiz, ilustradas por sugestivas fotos, que contribuem para fixar a essência de belíssimos ensinamentos. Leitura indicada para todos os dias: aberto ao acaso, conduz na direção de valiosas reflexões que consolam e harmonizam o coração.

Catherine Lanigan

UMA AJUDA LÁ DE CIMA

Catherine Lanigan está mais do que certa de que os anjos existem. Neste livro, além das histórias incríveis que comprovam essa afirmação, a escritora descreve suas próprias experiências espirituais, com a intenção de que o leitor descubra como é possível receber a ajuda do Céu.

Catherine Lanigan

NA PROTEÇÃO DOS ANJOS

É possível viver melhor com a providencial ajuda dos anjos! A autora nos aproxima desses verdadeiros agentes da felicidade, ampliando nossa visão espiritual. É tempo de despertar para uma vida melhor: aprenda a contar com a proteção e a inspiração dos anjos!

Catherine Lanigan

QUANDO OS ANJOS NOS PROTEGEM

Depoimentos incríveis e diversos relatos que comprovam a intervenção dos anjos em nossa vida. Aprender a escutá-los, nos inspirando em suas sugestões, é abreviar o caminho que nos conduz na direção da felicidade! Lembre-se: para os anjos, tudo é possível...

Margaret Smith Peet & Shoshana Zimmerman

SE O MEU MÉDICO DIZ QUE ESTOU BEM... POR QUE ME SINTO TÃO MAL?

A saúde do corpo e da alma! Um guia prático para prevenir doenças muito antes dos primeiros sintomas baseado em práticas orientais milenares associadas à medicina ocidental. Conheça seu tipo físico e a dieta mais adequada às suas necessidades.

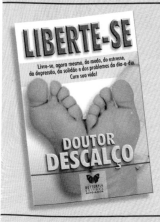

Doutor Descalço

LIBERTE-SE

Cure sua vida! Livre-se, agora mesmo, do medo, do estresse, da depressão, da doença, da solidão e dos problemas do dia-a-dia. O doutor Descalço resgata, neste livro ilustrado, a antiga tradição oriental dos abnegados "doutores descalços".

Susan Kerr

SISTEMA DE MEMÓRIA DA ALMA

Para evitar os "curtos-circuitos" da alma – doenças, fracassos, solidão, depressão – ligue-se, agora mesmo, no Sistema de Memória da Alma. Aprenda a controlar melhor suas emoções, evitando represar energias negativas nos *chacras*.